光尘
LUXOPUS

U0527847

聪明的
父母
这样教

[加]多娜·马修斯　[加]乔安妮·福斯特 著
杜云云 译

图书在版编目（CIP）数据

聪明的父母这样教 /（加）多娜·马修斯,（加）乔安妮·福斯特著；杜云云译. -- 北京：北京联合出版公司, 2024. 8. -- ISBN 978-7-5596-7695-5

Ⅰ. G78

中国国家版本馆 CIP 数据核字第 2024J1T524 号

北京市版权局著作权合同登记　图字：01-2024-3366 号
BEYOND INTELLIGENCE: SECRETS FOR RAISING HAPPILY PRODUCTIVE KIDS by DONA MATTHEWS, Ph.D. AND JOANNE FOSTER, Ed.D.
Copyright: ©2014 DONA MATTHEWS AND JOANNE FOSTER
This edition arranged with HOUSE OF ANANSI PRESS INC.
through BIG APPLE AGENCY, LABUAN, MALAYSIA.
Simplified Chinese edition copyright:
2024 Beijing Guangchen Culture Communication Co., Ltd
All rights reserved.

聪明的父母这样教

作　　者：[加]多娜·马修斯　[加]乔安妮·福斯特
译　　者：杜云云
出 品 人：赵红仕
策划编辑：慕　虎　姜　山
责任编辑：徐　樟
营销编辑：刘子立
装帧设计：李　一
出版统筹：慕云五　马海宽

北京联合出版公司出版
（北京市西城区德外大街 83 号楼 9 层　100088）
北京联合天畅文化传播公司发行
文畅阁印刷有限公司　新华书店经销
字数 160 千字　880 毫米 ×1230 毫米　1/32　10.25 印张
2024 年 8 月第 1 版　2024 年 8 月第 1 次印刷
ISBN 978-7-5596-7695-5
定价：65.00 元

版权所有，侵权必究
未经书面许可，不得以任何方式转载、复制、翻印本书部分或全部内容。
本书若有质量问题，请与本公司图书销售中心联系调换。电话：（010）64258472-800

谨以此书献给我们的母亲，乔伊斯·埃莉诺·马修斯和克拉拉·鲁斯·斯坦，她们培养了我们的创造力、好奇心和对学习的热爱，也献给我们的宝贝孙子：提奥、萨沙、卡拉、艾莉和杰克。我们希望这些可爱的小家伙能够体验到创造力的奇迹，从培养好奇心、热爱学习等众多活动中体会到乐趣。

对本书的赞誉

本书是一部精彩绝伦、洞察深刻、见识广博的实用育儿指南，父母和孩子都会受益匪浅。

——卡罗尔·德韦克博士，斯坦福大学心理学教授

《终身成长：重新定义成功的思维模式》作者

多娜·马修斯和乔安妮·福斯特以具体案例为依据，向父母展示了一种介于"虎妈"的高压苛刻管教和创造性的自由散养之间的教育落脚点，提供了既能培养孩子纪律性，又能兼具灵活性，既能让孩子学会明智地顺应需求，又能树立对自己道路牢固信心的建议和方法。

——瑞娜·苏博特尼克博士

华盛顿特区"美国心理学会资优教育"政策中心主任

本书令人耳目一新，是智力及其发展史上急需的一次更新。

——斯科特·巴里·考夫曼博士

《绝非天赋：智商、刻意练习与创造力的真相》作者

《创造力邮报》联合创始人，宾夕法尼亚大学想象力研究所科学总监

如果你只能读一本育儿书，那就选这本吧。这本书本身就是一本高度智能的育儿指南。

——罗斯玛丽·埃文斯，多伦多大学校长

本书是家长、教育工作者和专业人士必读的一本书。马修斯和福斯特博学多识，她们就如何促进儿童智力发展、帮助他们克服障碍，提供了符合其个体特点的、富有同理心的观点，有助于孩子在生活中变得更加坚韧和成功。如果你也想让孩子变得聪明且快乐，请阅读这本书吧！

——特雷西·丹尼斯博士，纽约市立大学亨特学院心理学副教授

本书向父母介绍了一系列的常识性（偶尔是反常规）的育儿策略，要求家长要优先深入倾听和理解孩子，而不是以购买早教产品为权宜之计或求助于错误的教育理念。这本书提供的育儿方法令人耳目一新，我毫无保留地推荐它。

——巴里·海默博士，英国坎布里亚大学心理学教授

到目前为止，这是我读过关于儿童发展的最好的书。它理应成为全国性畅销书，成为教育工作者和家长的"必读书目"。

——珍妮特·金，"即刻行动儿童组织"主席和创始人

这是一本权威育儿宝典，能帮助父母了解和掌握如何识别孩子的最佳学习能力，并加以培养。同时也是一种资源，父母在育儿过程中遇到挑战时，可反复参考查阅。

——乔希·银城博士，生物医学研究员
"追梦者辅导组织"主席、执行董事、联合创始人

马修斯和福斯特以合乎逻辑和易于阅读的方式，准确地论述了现代父母当前所面临的几乎所有问题，使读者受益匪浅。每章结尾的总结使这本书不只是一本育儿阅读材料，更是父母育儿生活中可以反复查阅的宝库。

——豪伊·格罗辛格
罗宾汉营地／瓦尔登营地／马达瓦斯卡营地负责人

这本书以孩子学习发展和神经科学领域的最新研究成果为基础，辅之以作者的丰富经验，为优化儿童智力发展提供了明智均衡的方法。它尊重儿童发展的复杂性，为每个敏感的发展阶段提供指导和实用建议。对家长和老师来说，这本书就是一座宝库。

——玛丽恩·波拉斯博士
英属哥伦比亚大学教育和咨询心理学及特殊教育教授

又能拜读多娜和乔安妮的新书，何其有幸！书中分享了许多个体故事和研究以及实用策略，值得每一位家长阅读。作为一名小学校长和家长，我对作者围绕智力及其对儿童、家长和学校的影响时所采取的细致入微的方法十分赞赏。

——南希·斯坦豪尔，获得过"杰出校长奖"

本书传递了一个美好的信息：每个孩子都有其独特的能力和挑战。应取其精华，充分调动引导以实现最好结果。两位优秀作者以其广博的专业学识告诉我们如何使每个孩子的个性特征得以丰富，使每个感知到的问题都得到亲身实践的、深思熟虑的、具体实在的解决方案。

——雪莉·彼得森，青年畅销小说作家

（马修斯和福斯特）强烈建议我们多关注孩子，多思考每个孩子的诉求和天赋。书中概述了许多实用的育儿策略和工具，列举了大量实例，对教育的真正含义进行了发人深省的探索。

——简·伯特兰博士，儿童早期教育专家
多伦多大学教育研究院阿特金森社会与儿童发展中心前执行主任
儿童早期发展科学（SECD）的共同开发者

这是本了不起的指南，非常适合想要帮助子女最大限度挖掘潜力的家长！我赞赏作者对"智力"概念的解读，赞赏她们对如何促进智力发展、跨越智力发展的常规制约因素所做的探索。

——切斯特·E. 芬恩，前美国教育部助理部长
托马斯·福特汉姆基金会主席

目 录

前 言   I

第一章　智力   001

- **问卷：父母与孩子智力的关系**   004
- 孩子的智力可以预测吗   005
- 智商测试真的有用吗   008
- 多种多样的聪明   012
- 两种思维模式   018
- 究竟什么是智力   024
- **养育的秘诀**   026

第二章　创造力   029

- 昆虫大军和捕蝇草   031
- 创造力的 4 个组成要素   034
- 创造力养成计划的 10 个要点   041
- 忘却时间，体验心流状态   052
- 孩子身上最重要的 3 个特质   054
- **测试：创造力的培养方式**   055
- **养育的秘诀**   057

第三章　促进孩子的能力发展　　059

- 婴幼期：促进大脑发育　　063
- **清单：促进大脑发育的物品与活动**　　065
- 童年期：发展兴趣、习惯和技能　　075
- 青春期早中期：了解危险性与可能性　　084
- 青春期后期至成年初期：接受高等教育　　093
- **养育的秘诀**　　099

第四章　正确评估孩子的智力发育　　101

- 测试的 4 个基本原则　　104
- 研究者们究竟在测试什么　　107
- 解开谜团：精通而已　　114
- 给孩子贴标签的潜在弊端　　117
- **清单：贴天赋标签的弊端**　　119
- **养育的秘诀**　　124

第五章　支持孩子在学校的能力发展　127

- 老师的视角　131
- 所有参与者要共同改变　138
- 父母的视角　142
- **清单：帮助父母发挥重要作用的"A 清单"**　143
- 支持孩子能力发展的要素：假设　144
- 支持孩子能力发展的要素：争取　146
- **清单：父母的争取策略**　149
- **测试：父母是否有效支持了学校**　150
- **养育的秘诀**　152

第六章　协助老师高效培养孩子的能力　155

- 老师的课堂要素　158
- **清单：老师的专业发展机会**　160
- **清单：老师建构孩子智力的 5 个要素**　162
- 有效的课堂想法　162
- 教学框架的 4 个要素　168
- **清单：良好的评估实践**　169

- 清单：挑战性措施　　171
- 清单：基于问题的学习方式　　174
- 清单：良好的学习环境　　178
- 发人深省的问题　　179
- **测试：学校是否有助于孩子的能力发展**　　181
- **养育的秘诀**　　183

第七章　帮助孩子选择合适的学校　　185

- 好学校、差学校和普通学校　　189
- **清单：好学校的构成要素**　　190
- **测试：学校是否支持孩子的最佳发展**　　191
- 考虑可能的选择　　193
- 有哪些择校选择　　196
- 择校决策的 4 种依据　　201
- 单靠学校，远远不够　　203
- **清单：面向社区的学习选择**　　209
- 择校的困境与抉择　　210
- **养育的秘诀**　　212

第八章　帮助孩子管理情绪　　215

- 父母要审视自己的推论和假设　　218
- **清单：孩子出现问题时要问的 5 个问题**　　219
- 与众不同的孩子　　221
- 加强情商培养　　223
- **测试：父母是否培养了孩子的情商**　　224
- 提高孩子抗逆力的方法　　227
- **清单：帮孩子应对挑战**　　230
- 无聊　　234
- 害怕失败或成功　　238
- 完美主义　　243
- 懒惰　　246
- 拖延症　　249
- 自信　　251
- **养育的秘诀**　　255

第九章　培养孩子的社交智力　　257

- 友谊为什么重要　　260
- 父母该如何提供帮助　　262
- 霸凌　　266

- 清单：防止霸凌的 4 种方法　　268
  - 父母关于网络霸凌的疑问　　269
- 清单：减少校内霸凌的对策　　273
  - 社会环境的重要性　　273
  - 学会自我接纳　　276
  - 确保每个孩子都受到重视　　278
- **养育的秘诀**　　283

第十章　让孩子茁壮成长　　285

- 超越智力　　288
- 孩子不那么聪明该怎么办　　292
- 总结　　295
- 测试：你的养育是否有助于孩子茁壮成长　　296
- 兑现提升能力的承诺　　301
- **养育的最终秘诀**　　303

致　谢　　305
关于作者　　308

前言

> "应变之道同变化一样重要。"
> ——佚名

父母怎样做才最有利于孩子的智力、创造力、抗逆力、品格以及幸福感的发展？又该如何鼓励他们在充满挑战、变化莫测的现实世界取得成功？

解决这些问题正是本书的创作初衷。本书旨在帮助父母找寻适当方法，促进孩子发展，培养其天赋和能力，助其茁壮成长。增强孩子的学习能力、提高其智力水平其实无须花费太多。父母善于倾听、乐于阅读、勤于交流，密切关注孩子的需求并及时引导，才是最有效的。

最好的教育贯穿于家庭生活的点点滴滴。父母足够耐心，给予孩子足够的时间和机会去了解自我、发掘兴趣，孩子的智力、韧性、主动性和其他多方面的能力也会随之发展。随着时间推移，一旦孩子养成了终身受益的价值观和习惯，这些能力更会进一步增强。本书将告诉父母如何将日常点滴作为契机，促进孩子的智力发展，提高其努力成效。

书中，我们还澄清了大众对"能力"的一些普遍误解，阐释了应如何正确看待孩子的聪明才智。最重要的是，我们找到了帮孩子乐于创造的方法。从婴儿到青春期乃至后来的不同年龄段，孩子的成长方式都各具特性，呈现出多样化的有趣特征。父母可以通过一些特定的行为来激活和提高孩子的智力、天赋和创造力。在本书中，我们为父母提供了诸多此类建议，积极引导孩子的学习需求、好奇心和兴趣，从而点燃孩子的学习热情。

本书通过描述问题、列举事例来帮助父母教养有方，使育儿更有趣、更有意义。考虑到大多数父母事务繁忙，本书每一章皆以概述开头，以总结收尾，简要归纳出能即学即用的实用建议。

社会的深刻变革和迅猛发展不可避免地会影响孩子的发展，父母对此深感担忧也在情理之中。他们经常会问："我们正经历的技术爆炸对孩子大脑发展有什么影响？""我该如何处理孩子每天接触到的充斥在电脑游戏、音乐、电影、电视和其他媒体资源中的性和暴力？""未来会出现什么样的职业？""我该为女儿长大后立身社会做怎样的准备？"……

当今世界不断变化，成功所需的技能与 20 年前甚至 10 年前都

前言

有所不同。虽然高超的智力和良好的职业道德仍是助力孩子成功的重要因素，但当下这些因素比以往任何时候都更需要与创造力、适应性和包容心相结合。因此，父母要密切关注孩子在科技上的参与度，留意他们受外部世界影响的方式，并给出及时反馈。

父母既要关注孩子对关爱、指导和耐心的需求，也要关注他们对社交、情绪稳定、身体素质和智力开发的需要。其重要性与以往相比，或许有过之而无不及。

如何培养孩子处理日常琐事、应对困难挑战的能力？你教给孩子的处理方式不同，他们对类似事件的反应就不同。他们是会茫然不知所措，还是乐意接受改变，满怀信心地调整适应和解决问题？挑战可以振奋人心，变化也并非全然消极。孩子学习应对困难、适应新环境时，父母的支持很重要。

书中列举了一些我们帮助过的家庭的真实案例（书中一律使用化名）。同时，我们也借助最新的研究，探索如何培养心智健全、聪明伶俐、乐于创造的孩子，以帮助他们适应当今节奏加快、复杂多变、不可预测的社会现状，并取得成功。

世界的未来属于孩子，为孩子创造学习机会，满足孩子的学习需求，有助于孩子做出明智的选择，有助于他们将兴趣发展成自身品质，将优势转化为造福世界的成就。本书旨在帮助父母探索出一条适合孩子的发展途径，以简单高效、积极向上的方式实现上述目标。

第一章

智力

第一章　智力

> "智力就是随机应变的能力。"
> ——史蒂芬·霍金

我们时常听到人们夸赞一个孩子聪明，聪明到底意味着什么？这是本章要探讨的主要问题，这一问题也是后续讨论父母如何培养乐于创造的孩子等细节问题的基石。在本章中，我们反对给孩子的潜能设限，也会审视与智商测试相关的诸多问题。通过描述多种智力类型、讨论思维模式和态度对孩子学业和日后成就的重要影响，我们回答了"什么是智力"这一问题。

让我们先来做一个小测验，再来进一步思考：何为智力？父母该如何促进孩子的智力发展？

问卷：父母与孩子智力的关系

请判断下列观点的对错。

1. 智力水平 3 岁时就已定型。（对 / 错）
2. 越是夸赞孩子聪明，孩子就越自信。（对 / 错）
3. 创造力并非人人有之。（对 / 错）
4. 父母理应保护孩子免受挫折、免遭困难和失败。（对 / 错）
5. 越聪明的孩子社交和情绪的问题就越多。（对 / 错）
6. 智力超群的孩子是天生的领导者。（对 / 错）
7. 完成考试和作业的速度越快，孩子就越聪明。（对 / 错）
8. 父母太随和、太热情，会宠坏孩子。（对 / 错）
9. 为孩子择校的最佳方式是查看学校的排名。（对 / 错）
10. 聪明的孩子不会有学习问题。（对 / 错）
11. 在兄弟姐妹各有不同兴趣特长的家庭中，父母要挑选出最有资格动用家庭资源去帮助的那一个。（对 / 错）
12. 受霸凌的孩子应该自己解决这个问题。（对 / 错）

上述问题你如果都选择了"错"，那恭喜你得了满分。如果你认为部分（或全部）正确，那也没关系，因为每一条都是大众对于智力的普遍误解。在这本书中，我们将逐一澄清以上以及其他

第一章　智力

相关误解。我们先来探讨一个对儿童智力影响最大的误解：智商（Intelligence Quotient，IQ）高的孩子注定成功，反之则潜力有限。

孩子的智力可以预测吗

父母们经常听到家人、老师、朋友还有其他父母如此评论孩子："安娜贝尔真可爱，但她智商不算高，指定上不了大学。""曼纽尔超级棒！他将来一定会有所建树！""凯莱布潜力巨大，只要他肯专注投入，在学校的表现会更出色。"

有些孩子在学业和日后成就方面，潜力要比其他孩子更高，这是一种普遍的误解。整个生命周期中大脑都在持续发展变化，对大脑的研究越深入，就越能证明学习是一个渐进的、开放的过程，个人的潜力难以精准量化，更不可能预测。如果有人预言某个孩子注定会成功或失败，不管对方是运用哪种预言水晶球（智商测试，或比照他人，或其他方式）得出的结论，明智的父母一定会将此水晶球砸碎。

父母常常纳闷智力究竟为何物。探究该问题答案的棘手程度出人意料。几年前，美国心理学会邀请了由11位知名智力专家组成的专家组来给智力下定义。专家组没能达成一致，反倒提出了11种不同的观点。不过他们在智力评估的3个重要维度上达成了共识：人类与环境互动的方式存在个体差异；这些个体差异并不稳定；评估结果的好坏因评估标准而异。

第一点共识,即人类与环境互动的方式存在个体差异。这种差异显而易见,但教育工作者和心理学家在学校分班考试分析孩子考试成绩时却常常将其忽略,因此需要父母额外关注。我们研究过的儿童档案中就包含这样的案例:杰克逊,4岁,有强烈的好奇心,喜欢结交新朋友,善于适应新环境,他喜欢回答大人们提出的各类问题,参加智商测试时他满心欢喜,最终取得了优异的成绩。而另一个同龄孩子伊莎贝拉则安静得多,她寡言少语,更喜欢待在熟悉的环境中,因此测试时满心不安,回答的问题也不如杰克逊多,成绩当然也逊色些。如上所述,两人的气质、个性以及行为方式迥异,因此智商测试的成绩也有明显差距。但专家组强调,这并不代表他们智力上有差异。

第二点共识,与环境互动的个体差异具有不稳定性。即便是同一个人,时间或情境不同,表现也会有所不同。7岁时,伊莎贝拉开始对解决数学问题感兴趣,父母对此非常支持,不断为她创造机会。10岁时,她开始参加夏令营,专门进行数学能力的提升。相比于4岁时对陌生情境的小心翼翼,10岁的伊莎贝拉更自信也更乐于接受新事物,尤其是在感兴趣的领域。经历了数学难题的洗礼,伊莎贝拉自信心增强,不再惧怕解决问题,她10岁时的智商测试成绩比4岁时高得多。从她的案例中我们可以看出,测试成绩(甚至智商测试成绩)会因时间变化而呈现出显著差异。

第三点共识,评估结果的好坏因评判标准而异。时光流转,杰

第一章　智力

克逊变得酷爱阅读，他对历史着迷，喜欢就历史问题与家人和朋友辩论，但对数学和空间问题（例如，拼图或搭建游戏）却毫无兴致。因此，如果智商测试侧重语言推理，他会比伊莎贝拉成绩好；但如果测试侧重空间问题或数字推理，伊莎贝拉则会更胜一筹。智商测试的侧重点和类型不同，孩子的分数也会有很大差异，但父母对此不甚了解；而且在获悉测试结果时，对于测试所含的具体项目以及测试的侧重点，父母往往也不得而知。

美国心理学会的智力专家组达成的3点共识表明了人们对智力认知的变化过程。过去，人们认为有些人天生就比别人聪明，而且会一直如此，但如今，专家们倾向于将智力的发展视为个体积极参与构建的动态过程。多数专家不会再盲目定义哪类人聪明（哪类人则要笨一些），而是采用一些更具体、更灵活的措辞。例如，专家会说："如果要解决数学问题，伊莎贝拉会是合适的人选。"他们将智力定义为一个流动的、活跃的过程，会随个人意志、阅历和环境的变化而变化。

因此，人们越来越认为智力是在某些情境下"表现"得更聪明，而并非指人"本身"聪明。智力随着学识和时间不断改变。由此看来，理论物理学家史蒂芬·霍金的"智力就是随机应变的能力"的说法是对的。

基于当前智力发育的研究，心理学家兼作家弗朗西斯·德根·霍洛维茨提出了一个强有力的论点，即智力并非与生俱来，多数人的潜力都被忽视了。别管他人如何预测，所有孩子的智力发展空间都十分巨大，潜力无穷。

接下来的章节将讨论一些实用的策略，帮助父母开发孩子智力，助力孩子成功。那么，"智力可以被量化吗？"

智商测试真的有用吗

无论是否参加过智商测试，你肯定在现实生活或在书中遇到过此类人，他们声称知道自己的智商值，并且非常看重这个数值。智商测试通常测量抽象推理能力、常识和短期记忆能力，广泛应用于世界各地，且已经有了包括线上测试在内的不同版本。其中不乏值得信赖和设计得比较好的版本。这些测试的初衷是评估学习问题，且迄今仍是其主要（也是最佳）用途。当然，如果某个孩子特别聪明，老师或父母认为他/她可能需要特殊的学习机会，也会使用智商测试进行评估。不管怎样，花上几分钟来思考一下这些测试的优点和局限性都是值得的。

孩子的智商测试分数不理想的原因有很多，但这些原因都与他们的智力无关。我们先介绍一下本书要讨论的 3 个孩子的情况，他们分别是保拉、卡琳和罗伯特：

- 小女孩保拉，开朗活泼，留着乌黑的卷发，笑容灿烂，喜欢解答谜题。IQ 测试时，她思维敏捷，表现出很强的求知欲。

第一章 智力

测试结束后,她告诉妈妈,她想每天都做这种测试。
- 小女孩卡琳,善交朋友,喜欢与朋友一起创作戏剧,厌恶浪费时间去做毫无用处、不值得与他人分享的事情。智商测试结束后,她在回家路上跟父亲抱怨道:"做这种测试毫无意义。"
- 小男孩罗伯特,性格安静,有着古怪的幽默感,对数学和物理兴趣浓厚。测试当天他得了流感,但还是去参加了测试,因为他知道这是几个月前就已安排好的。测试期间,他头痛欲裂,难以集中精神,但依旧坚持到了最后。

不难看出,与卡琳和罗伯特相比,保拉的最终得分更能真实地反映她的智力水平。因为保拉更享受测试的过程,乐于参加此类挑战她思维能力的活动。因此,她的测试分数是能表明其智力的有效指标,至少在这次测试所评估的领域是如此。另一方面,对于偏好创造性事务的卡琳以及测试时突然患病的罗伯特,他们的测试分数则远低于保拉,根本不能准确地反映他们的智力。

智商测试中,能力不俗的学习者表现不佳的原因还有很多,例如,害怕出错、担心家庭问题、不同互动模式理解障碍(包括测试者或孩子)以及测试中饿了等生理问题。

除了应试能力和兴趣的个体差异,智商测试本身也备受争议。争议之一就是测试的范围不够全面。社交和情感能力是人们在现实世界中取得成功的重要因素,测试却鲜有提及。创造力是在科学、数学、技术和艺术等众多领域获得新发现的重要组成部分，测试也并未评估。测试还无法量化智力行为的其他方面，如动机、驱动力和毅力等。

智商测试的另一个争议是对测试分数的理解方式。包括专业教育者在内，很多人认为智商是一成不变的。他们认为，一个人无论是在2岁、12岁、22岁甚至年龄更大时参加测试，分数都是不变的。一些父母质疑这种观点的正确性，他们反问道："如果一个孩子在一次智商测试时分数欠佳，是不是意味着之后分数永远不会提高？"答案再简单不过了："当然不是。"许多孩子（比如，伊莎贝拉）第一次测试得分并不高，但如果几年后再测试，成绩就会好很多。

我们有时会听到人们问："儿童时期智商高是否意味着成年后智商也高？"我们的答案是："未必。"初次智商测试得分特别高的人，在随后的测试中大概率不会再这么好了。评估智力时，孩子的年龄越小，后期的分数变化可能越显著。

心理学家阿尔弗雷德·比奈是19世纪末20世纪初最早设计智商测试的人之一。虽然人们那时尚未发现神经的可塑性，但他已经认识到，智力水平会随年龄增长而发生变化，智商测试只能评估一个人在特定时间的优势与不足。正如认知心理学家斯科特·巴里·考夫曼所说，比奈指出了"成熟速度的差异、智力体验的不同，导致个体的智力发展速度也不尽相同。注重方法，多次实践，反复训练，我们就可以增强自身注意力、记忆力和判断力，真正变得更聪明"。

第一章 智力

智商测试最主要的一大争议在于：不同种族、不同地域、不同社会经济地位的人，评分一直存在差异。几十年来，尽管人们进行了诸多尝试，企图缩小这种差距，但差距仍然巨大，即来自白人和亚裔中产阶层家庭的孩子得分偏高。如今，许多观察员建议，解决得分差距的最佳方式是更好地帮助父母，为整个群体提供更优质的幼儿教育。

除了上述局限性，智商测试还有一个缺点：它与孩子如何有效适应不同环境、从经历中能学习提高多少、是否愿意为成功持续付出以及如何应对挫折几乎毫无关系。的确，智商测试的高分，标志着个体对某些复杂问题的理解力以及推理任务的执行力更胜一筹，也标志着某天某次的考试成绩优异，但并不能表明他善于应对失败，或应对接踵而至的挑战和变化。

> "我有阅读障碍，根本看不懂学校的功课，
> 我去做智商测试一定不及格。"
> ——理查德·布兰森

智力的发展贯穿人的一生，智商测试的分数并不能预测人生成就，所以不要根据孩子的智商来判断孩子的潜力。父母应牢记：智商测试分数高只能说明特定时间内在特定事物上较佳的推理能力（以及优秀的应试技能），分数低却并不代表智商低。

多种多样的聪明

巴勃罗·毕加索以其非凡的视觉和空间能力闻名于世,但他患有严重的学习障碍,要进行学术研究几乎不可能。阿尔伯特·爱因斯坦创立了相对论,哲学著作颇丰,备受世人尊重,但他3岁才开口说话,小学老师说他是"愚蠢的梦想家"。第二次世界大战期间杰出的政治领袖温斯顿·丘吉尔,虽成年后成就非凡,但早年在学业问题上也是困难重重。

与其去测量毕加索、阿尔伯特·爱因斯坦和丘吉尔的智商高低,不如承认他们各具独特的能力,在某些方面表现出色,在其他方面则表现欠佳才更有意义。正如这些成就非凡的人会在学业上吃尽苦头一样,今天的孩子也会遇到这种情况。

认知科学家霍华德·加德纳也发表过类似的观点,并将智力划分为9种主要形式。在他看来,每个人的智力都是多元的,并非只有单一的一种智商。人们通常在一个或几个领域智力非凡,在其他方面则低于或等于平均水准。9种智力都很高或都很低的人则少之又少。

加德纳提出的9种智力类型包括:

- 语言智能:母语及非母语的阅读、写作、表达和推理能力——作家和律师擅长于此。
- 数理逻辑智能:解决逻辑问题、发现数字模式和演绎推理能力——为会计和物理学家所需。
- 空间智能：感知物体形状和位置变化以及空间旋转方向的能力——为建筑师和雕刻家所需。
- 身体运动智能：身体控制能力，肌肉协调能力，力量锻炼能力——为外科医生和运动员所需。
- 音乐智能：理解声音、节奏和音调的能力——音乐家和指挥家擅长于此。
- 内省智能（或情绪调控力）：理解并调节自身情绪的能力——常见于神职人员和智者。
- 人际关系智能：展现同理心、领导力，与他人友好相处的能力——对商人和老师尤为重要。
- 自然观察智能：适应自然和户外环境的能力——常见于园艺师和生态学家。
- 存在智能：对精神层面的问题和形而上学思想敏感——为宗教专业人士和哲学家所需。

智商测试可以评估语言智能、数理逻辑智能以及（在较小程度上）反映空间智能和人际关系智能，却不能对加德纳提出的其他5种智能进行评估。加德纳的多元智能方法不是基于智商（通常表示为单次的测试分数）定义智力，而是与美国心理学会专家组强调个体差异的观点一致。

父母和老师都知道，有的孩子擅长阅读、写作和算术，却对社交一窍不通；有的孩子擅长与他人相处，在身体协调或空间定位上却困难重重；还有一些孩子在音乐、体育方面一点就通，却对阅读和写作倍感厌烦。父母只有认识到每个孩子都有各自不同的经历和智力形式，才能做到尊重孩子多种多样的聪明呈现方式，才能鼓励孩子发展自己的独特兴趣和能力。

不同于对智力的普遍理解，有观点认为分析性智力、实践性智力和创造性智力之间存在着显著差别，且这些差别非常有意义。海伦·格莉·布朗曾说："我的成功并非基于什么伟大的智慧，而是来自常识的积累。"格莉·布朗是一位出版商，她大胆创新，使得时尚杂志《大都会》(Cosmopolitan)焕发活力，引领了包括《欲望都市》(Sex and the City)在内的美国流行文化现象，为美国文化产业的发展立下汗马功劳。

英格玛·伯格曼曾说过："在黑暗中扔出长枪，凭直觉就行。而派遣军队从黑暗中找回长枪，凭的就是智慧了。"伯格曼是瑞典电影大师和舞台剧导演［导演过《婚姻生活》(Scenes from a Marriage)、《呼喊与细语》(Cries and Whispers)等众多作品］。他的作品专注对人类重大问题的思考，如死亡、疏离、孤独和信仰等。

布朗和伯格曼的作品所阐明的差异，引起了心理学家罗伯特·斯滕伯格的极大兴趣。他观察到，传统的智商测试很少测试除学术技能以外的其他能力，而要全面理解智力就应将现实生活中的专门技能及其创造性应用包含在内。史蒂芬·霍金的"智力就是随机应变的能力"的定义，与他的立场非常吻合：衡量智力的最佳标

第一章 智力

准是个体如何应对遇到的机遇和挑战。

斯滕伯格将智力分为3种不同的类型：分析性智力、实践性智力和创造性智力。这3种分类不是对加德纳9种分类（如语言、数理逻辑等智能）的补充，因此不能简单相加成12种智力类型。这3种分类也不是对加德纳的反驳和取代，而是为我们理解何为智力提供了另一扇窗口。

分析性智力是指对抽象思维的分析推理能力，这是智商测试能合理量化的，也是学术研究中经常强调的智力类型。斯滕伯格提出的第二种是实践性智力（或情境智力），与智商相比，它与"应变能力"或"常识"的关系更为密切，包含在人生和职业生涯中取得成功的能力，海伦·格莉·布朗的职业生涯恰恰说明了这一点。最后一种是创造性智力，是指在从事像英格玛·伯格曼这类创新型工作时所需要的智力。

以上3种结合了人们生活经历的智力，既适用于成年人，也适用于儿童。例如，艾比善于分析，头脑敏锐，特别喜欢做考试中的"比较和对比"类题目。她在学校名列前茅，老师说她上大学后会如鱼得水。卡伊尤其精通机械设备，擅长解决实际问题，却在学业上困难重重，因此不喜欢上学，老师说他可能高中都毕不了业。维拉痴迷阅读，一上课就胡思乱想，幻想书中的各种角色，设想新的故事情节，构思新的故事结局。她觉得学校的学习非常枯燥，简直度日如年。老师说她如果专心学习，一定会做得更好，但除了读书和写作，学校里似乎再没什么能引起她的兴趣了。

虽然学校层面更喜欢宣扬像艾比这类孩子所取得的成就，不太认可卡伊和维拉所展现的能力，但在斯滕伯格看来，3个孩子都很聪明，认为其中一个比另一个聪明的观点是错误的。如果学校（以及父母）能像对待分析性智力一样，高度重视和深度培养孩子的实践性智力和创造性智力，整个社会都将会从中受益，因为这会让更多的孩子感到自信、感受到成功的喜悦，就会有更多的孩子投身于终身学习事业。

> "没有什么比音乐更能激活大脑的众多区域。"
> ——唐纳德·霍奇斯

音乐教育

一度广受欢迎的"莫扎特效应"声称，听特定类型的音乐，如莫扎特的奏鸣曲，会让孩子变得更聪明。但后来的研究表明，它只能对一种智力形式（空间推理）产生非常短暂的影响（15分钟）。研究也表明，在不采取任何其他干预措施的情况下，听莫扎特的奏鸣曲并不能对儿童整体智力的提高产生任何实际影响。

神经影像学的新进展使科学家对大脑的工作原理有了更多的了解。他们发现持续的音乐训练会提高儿童大脑的工作效率，使神经网络变得更发达、更协调。训练强度增加，效果也会随之增加，正如人们所预想的,专业音乐家大脑相关区域的神经网络发育明显优于常人。存在这样的差异不是因为听了几分钟特定形式的音乐,而是长时间的积累、系统的学习、不断努力和实践的结果。音乐领域如此,其他领域也是如此。

越来越多的证据表明,精心设计的富有挑战性的音乐训练既能增强儿童大脑中枢的数学思维和语言能力,也能改善其认知能力、听觉辨别力、记忆力以及表达能力。

专门研究儿童学习、记忆和语言发展的加拿大研究人员正在研究用音乐训练来提高神经可塑性,伴随着不同的音乐体验,大脑的运转和重组也不断变化。加拿大研究人员也正在研究基于音乐的互动学习是如何提高学龄前儿童的语言智力的。他们发现音乐学习经历对所有的孩子都是有益的,而系统化的、适合儿童的音乐教育对那些难以接受传统学习方式的孩子尤为重要,因为音乐学习为智力发育提供了其他途径。

语言学习

音乐学习不仅有助于习得音乐技能,还能促进孩子其他方面的智力发展。同样,语言学习不仅能提升阅读、书写和表达能力,也能促进智力的发展。学习第二语言或第三语言既能帮助孩子更好地理解母语,又能提升其母语阅读和写作的流畅性和准确性,还能促进思考能力，提高记忆力、注意力以及解决问题和制订计划的能力。如果能够保持双语能力到老，那么与只会说一种语言的同龄人比起来，这类人认知能力下降的可能性会更低。

科学家仍在致力于探索大脑的发育过程及其对于关心孩子成长和幸福的父母和其他相关人员的意义。现在能确定的是，与音乐教育一样，参与不同种类的语言活动，包括学习第二语言的活动，既能丰富孩子的生活，也能增强他们的智力。随着时间的推移，人们对大脑的发育过程会越来越了解，几乎可以肯定的是，人们会发现更多的研究领域，它们与音乐教育和第二语言习得一样，都能促进孩子大脑的整体发育。

两种思维模式

过去30年中，卡罗尔·德韦克一直专注于研究人们对成功和失败的看法，她发现，那些认为智力是通过努力和实践逐步发展起来的人比那些认为智力天生注定的人在学术、事业和心理等领域更成功。

德韦克的发现与神经学展示的证据不谋而合。神经学证据表明，无论是出生前还是在整个生命周期内，大脑一直处于积极发展的状态。无论婴儿还是幼儿、青少年或者成年人，他们与外部世界的互动都会促进其大脑智力的发展。即使是发育严重迟缓的儿童或

第一章 智力

者患有早期痴呆症状的成年人，其大脑智力的发展也可能获得惊人的提升。

德韦克将思维模式区分为固定型思维模式和成长型思维模式，这两种截然不同的思维模式导致的结果也大相径庭。

持固定型思维模式的人认为有人天生聪明，有人生来愚蠢；天生聪明的人可能取得更大的成就。这是对智力的一种传统理解，认为一个人一旦测出了智商，即使是幼儿时期测试的，这个分数也能真实反映他今后的智商和潜力。

相比之下，那些持成长型思维模式的人认为，只要给予适当的支持、激励和学习机会，智力就会随着时间的推移而不断发展。他们对于有的孩子天生更聪明、更有潜力的说法嗤之以鼻，他们认为人类的能力过于复杂多变，无法用以预测人的极限或未来成就。

人们的思维模式对其后期的成就有很大的影响。那些持成长型思维模式的人会变得更有信心，更愿意承担智力上的风险，因此他们在学术和事业上远比那些持固定型思维模式的人成功。而那些持固定型思维模式的人更容易妄自菲薄，对自己和他人做出负面判断。

思维模式听起来像是对人进行分类的另一种方式，即另一种用来区分人是否聪明的方式，但事实并非如此。事实上，思维模式是一种习惯，可以后天学得，也可以是不学而能。原本持有固定型思维模式的父母和孩子也可以选择改变这种思维模式。正如人们所希望的，教育者和大众正在摆脱固定型思维模式，越来越多地采用成长型思维模式来对待孩子能力的发展。

我们以下面两个例子来阐释这两种思维模式的差异。前文提到的酷爱破解谜题的小女孩保拉，一直在不断探索学习和成长的新方法。遇到障碍和困惑时，她会更努力，投入更多的精力去解决，并寻求他人帮助，或寻找另一种方法来掌控局面。下次再遇到此类挑战时，挑战就已不再是障碍，她会应对得更得心应手。得益于这种成长型思维模式，她的竞争力和信心随着年龄的增长得到了不断增强。

另一个例子，小男孩亚历山大，父母经常夸他智力超群，并为此深感自豪。因此，他养成了一种习惯，只处理那些他觉得能成功完成的任务。一旦遭遇障碍，他就变得烦躁不安。亚历山大持有的心态就是固定型思维模式。在他看来，人们要么聪明，要么不聪明，且这一点一生都不会改变。由于秉持这种思维方式（再加上他认为父母之所以对他称赞有加，仅仅是因为他比其他孩子更聪明），他非常担心出错，害怕哪次失败会暴露出他是不聪明的那类人，因为他的满足感大多来自他的高智商。除非他的态度向成长型思维模式倾斜，否则对失败的恐惧很可能让他对重大挑战产生抵触心理，反过来，这种抵触心理肯定会让他畏手畏脚，从而缩小其活动和追求范围。

保拉总是满怀激情地应对挑战，掌握了越来越多的知识和技能；亚历山大却陷入了不断自我强化的恶性循环，他越是抗拒挑战，越担心自己远没有他人想象的聪明，这种担心就越有可能成为

第一章 智力

事实，固定型思维模式阻碍了他能力的进一步发展。

> "天资聪颖未必聪慧终身。"
> ——卡罗尔·德韦克

那些后来比早期更聪明的人，其行为模式是否具有一致性？早期显示出高智商的迹象后来却没有更好表现的人，其行为模式是否也具有一致性？德韦克及其同事对此的回答是肯定的，这些人的确有明显的行为模式差异，这些行为模式既可以通过后天学习获得，也可以是与生俱来的。

夸赞孩子聪明对他们的学习有害，大多数父母在听到这一结论时不免感到惊讶。实际上，这么做确实会损害孩子的积极性，影响他们的表现。与其夸赞孩子"绝顶聪明""智力超群"或"天赋异秉"（亚历山大的父母就是这样做的，他们相信这能让亚历山大更自信），不如表扬他们为取得成绩所付出的坚持不懈的努力和所采用的恰当的策略方法。父母的措辞会直接决定孩子接收到的信息——是有关孩子先天能力的暗示信息（这是孩子所无法改变的），还是关于孩子具体行为的明确信息（这是孩子可以控制的）。措辞调整对父母来说是微小的改变，却能对孩子的人生产生巨大影响。

不要单纯地夸赞孩子"你太聪明了"，要试着给出有具体反馈的鼓励，这样孩子就能明白他可以进一步发展的优势所在。例如，你可以这样告诉女儿：弹吉他时，她极富表现力，让你满心欢喜；

写文章时，她有理有据，文笔引人入胜；解决数学难题时，她坚持不懈的态度，让你印象深刻。

询问孩子学业时，赞赏他的努力，鼓励他对所做的选择、学习策略或自身兴趣进行进一步思考。"你在这篇文章中提了一些有趣的问题，其中哪些是你想进一步了解的？你会从哪里开始探索？"偶尔单纯地夸赞孩子聪明，并不会带来不可挽回的影响，但对孩子的表扬越具体，对他的学习和发展就越有利。

固定型思维模式和成长型思维模式所导致的另一个差异是对待刻苦努力的态度不同，而这一态度同样适用于智力培养。持固定型思维模式的人认为，任何人，只要在工作上下功夫，或者学东西很慢，就不够聪明。相反，持成长型思维模式的人认为，出众的能力是逐渐发展而来的，往往需要通过辛勤付出和坚持不懈的努力。大卫·麦克阿瑟任教于安大略省米西索加市，深受学生爱戴。他经常告诉学生（其中有许多英语学习者）"熟能生巧"，也经常低声安慰他们，"追求完美太无聊了"。当他意外离世时，父母、老师和学生纷纷分享他的事迹，以此表示对他的悼念，其中就包括他是如何用积极的态度鼓励学生超越自我、实现新的目标的。

父母可以帮助孩子明白，关注细节（通常缓慢而费力）能够促进孩子学习，并提高他们的能力。马尔科姆·格拉德威尔在书中提出了一个很有见地的观点，"练习不是衡量你是否优秀的标准，但多做练习确实能帮你变得优秀"。

聪明人能又快又轻松地掌握新理念，这是一种常见的误解。只

第一章 智力

有当这些"新"理念与他们已经掌握的概念类似时，才会产生如此情况，所谓的新理念其实并不新。与其说一个人刻苦努力代表他不够聪明，不如说刻苦努力意味着直面挑战，有条不紊地前进才是一个人聪明的原因。同样，如果一个孩子在学校不需要刻苦努力，那只能说明他需要更具有挑战性的学习任务。

以年轻舞者学习单足尖旋转动作为例，无论她多么有天赋，学习和强化的过程都是缓慢而艰巨的，她需要一步步精确地掌握身体中每一块肌肉的正确位置。如果要完成一个优雅的旋转，而不是只做一个笨拙的扭动，也不想因旋转受伤的话，那么她就必须反复练习。那些享有盛誉的首席芭蕾舞演员，并不是因为学习新舞步的速度快而闻名，而是因为她们的舞步动作优雅漂亮却又显得毫不费力。这种毫不费力的优雅来自她们学习过程中对每一个细节细致入微的关注，这意味着她们要比水平相对较差的同龄人付出更长时间的准备和更加刻苦的练习。

固定型思维模式与成长型思维模式的人之间的另一个重要区别是他们对待失败的态度不同。很少有孩子会欢呼："万岁！我犯错了！我从错误中学到了什么？"也很少听到父母安慰孩子："这次代数考试失利真是太好了。现在我们可以通过你考试中暴露出的问题查漏补缺。"但这正是持成长型思维模式的人遇到障碍时的反应。

那些持成长型思维模式的人把挫折和批评当作难得的纠正自我、提升智力的机会。当然，我们并不是建议父母把失败当成孩子的努力目标，而是当失败和失望来袭时——人们在学习、成长和接受挑战的过程中，不可避免地会遭遇这些，应该将其视为学习提升的机会。

持固定型思维模式的人往往会不自觉地进行自我评判，或者觉得他人都在评判自己。他们更有可能有意识地回避潜在的困难处境。例如，如果在考试或作业中表现不好，他们很容易产生尴尬、生气、沮丧等情绪，甚至责怪他人。父母可以对此加以引导，让他们认识到，尽管失败让人沮丧，但也可以提供很多有用的信息。成长型思维模式引导孩子从错误中学习，鼓励他们走出舒适区，寻求更多挑战，然后在应对挑战的基础上继续前进。因此，随着时间的推移，持成长型思维模式的人会取得更高的学术或职业成就，也就不足为奇了。

据与贝拉克·奥巴马共事的人回忆，奥巴马从大学时代起，就秉持这种对待困境的态度，即当事情进展不顺时，他会习惯性地思考可以从中学到什么。他的政治观点如何我们不做评论，但他积极对待挑战的成长型思维模式帮他一路披荆斩棘两度入主白宫。

究竟什么是智力

我们基于美国心理学会专家组的讨论、诸多跨领域的研究成果以及我们自身的理解和经验形成了对智力的定义：

第一章 智力

　　智力是指理解复杂思想、有效适应环境、克服诸多障碍、有意义地进行各种形式的推理和从经验中学习的能力。智力是逐步发展的，随时间、情境和领域的变化而发展变化。

当我们如此定义智力时，也就揭开了它那层由猜疑、预测和分数所包裹的神秘面纱。目前的研究表明，智力远比人们想象的更加动态。因此，父母要赞赏孩子成长过程中所展现出的各种不同形式的智力，这是非常重要的。

父母要记住并提醒孩子，智力是随着时间的推移而发展的，学习机会很多，变聪明的方式也多种多样。

养育的秘诀

1. 谨慎对待关于孩子"潜力"的定论。不管他人如何预测，也不管智商测试的成绩如何，要坚信，所有的孩子都潜力无限。

2. 把智力看作一个发展过程，而不是一种与生俱来的能力。智力高低取决于后天行动而非先天遗传。

3. 智力是逐步发展的，会随时间、情境和领域的变化而变化。

4. 支持孩子特殊形式的智力发展。每个孩子都有自己的智力特点。

5. 辩证地看待孩子所取得的测试成绩，尤其是智商测试。分数并不能说明一切。

6. 寻找机会并鼓励孩子学习音乐和第二语言。这对所有的孩子都大有裨益，对难以接受传统学习方式的孩子尤其有益。

7. 引导孩子养成成长型思维模式——只要刻苦勤奋、坚持不懈、保持耐心，能力就能逐步得到发展。

8. 不要单纯地夸奖孩子聪明。表扬要具体，要关注孩子所做的事和完成方式。

9. 大力表扬孩子的努力刻苦。细致入微地关注细节（这个过程可能痛苦而缓慢，极具挑战性又饱含艰辛）才能促进智力提高。
10. 学会以开放的心态对待困难、批评和错误，不要责怪他人。积极地看待失败，把失败看作寻找不足的学习良机。

据阿尔伯特·爱因斯坦观察，"智力的真正标志不是知识，而是想象力"。因此对于父母来说，不但要发展孩子的智力，还要培养他们的想象力和创造力，这是下一章要讨论的内容。

第二章

创造力

第二章 创造力

> "智慧始于好奇。"
> ——苏格拉底

大多数人自认为他们知道智力的含义，当然也明白创造力的含义，但是稍加推敲问题就来了：什么是创造力？创造力与智力有什么关系？父母应如何提升孩子的创造力？本章将解答这些问题，为父母提供一些实用建议。

昆虫大军和捕蝇草

提到创造力，有这样一则故事：9岁的尼古拉斯对开发电子游戏太过痴迷，乃至对学校丧失了兴趣，他的父母为此忧心忡忡。

上幼儿园时，他思维敏捷，学习兴趣盎然。然而到了四年级，他的成绩直线下滑。他告诉父母："学校一点儿也不好玩，我只想待在家里。"

与此同时，尼古拉斯却投入大量时间开发了一款电子游戏，他将这款游戏命名为《昆虫大军和捕蝇草》(*Insect Force and the Venus Fly Traps*)，在游戏中昆虫和植物展开交锋，一决高下。游戏还设计了充满想象力的奇幻竞技场、组合战车、奇异角色和变异动物等。他想将游戏投放市场，为此他构思了游戏营销策略，并将其记录在一个专门的营销笔记本上。

尽管父母为他出众的想象力、广博的科技知识和坚韧不拔的意志力感到骄傲，但很担心游戏上的过度投入会影响他智力的发展。"如果我们放任自流，他可以通宵达旦，甚至忘记饭点，完全没有时间概念。我们能怎么办呢？我们不想让他放弃学业！"

尼古拉斯的父母向我们倾诉了他们的担忧之后，又找到他的老师，一起商讨如何利用孩子的兴趣培养他在科学技术方面的特长，如何增强尼古拉斯吃苦耐劳、持之以恒的品质，如何保持这些重要的思维习惯，以及如何避免他丧失学习兴趣。

在父母和老师的支持和帮助下，尼古拉斯携自己研发的电子游戏亮相几个市级科技展。他还每周参加一次当地高中的计算机实验室活动。随后，他有了在学校成立游戏开发社团的想法，并在老师的帮助下顺利成立社团。由此，他得以跟同样痴迷于游戏开发的同

第二章 创造力

龄人并肩创作。

尼古拉斯重新燃起了对学校的兴趣。老师建议他来年可以与一位导师合作,从中获取更多的知识。老师还进一步提议,会帮忙找一位高科技领域的专家,与尼古拉斯定期探讨交流他的项目、想法和计划。

在与尼古拉斯父母的讨论中,我们反复强调,处理尼古拉斯的教育问题一定要灵活。我们告诉尼古拉斯的父母,要想让尼古拉斯重返校园,最佳方式是最大程度上发挥兴趣的作用。很明显,电子游戏是突破点。

尼古拉斯的父母是幸运的,因为尼古拉斯遇到了一位极具创造性思维的好老师,甘愿投入额外的精力帮助尼古拉斯取得成功。

这个故事给我们提出了诸多可以思考的问题:课外活动在学生成长中有什么价值?学生的学习成绩有多重要?老师的责任有哪些?父母在孩子的教育中应该扮演什么样的角色?等等。而在本章中,我们关注的焦点是:尼古拉斯到底是否具有创造力?

大多数人可能会说,"尼古拉斯当然很有创造力",有些专家则持相反意见,他们认为儿童并不具备真正的创造力,真正意义上的创造力应该属于像阿尔伯特·爱因斯坦、毕加索这样的创新者,因为他们推动了整个研究领域的发展;也有专家乐于区分大写的和小写的两种"创造力"的区别。那么阿尔伯特·爱因斯坦、毕加索的大写"创造力"（Creativity）与小孩子手指作画、成人园艺术工作业、尼古拉斯游戏开发所反映出来的小写"创造力"（creativity）有何区别呢?在讨论两者的区别之前，或许应该先思考一个根本问题：何为创造力？

创造力的 4 个组成要素

人们普遍认为，创造力体现了独创性、灵活性、流畅性和精细化。无独有偶，也有类似观点将创造力定义为原创性、灵活的思维、目的、美学和动机的混合体。还有一种观点更关注创作结果而非创作过程，认为创造力该由相关领域专家评判，通过生产出的高质量原创产品来判断其创造力。

虽然这些诠释创造力的观点（以及其他观点）都经过了深思熟虑且合乎情理，但我们要给父母和老师提出一种更切合实际的观点，即丹尼尔·基廷的创造力 4 要素。丹尼尔·基廷认为，创造力是特定领域的专业知识、发散性思维、批判性思维和沟通能力这 4 个要素的结合。丹尼尔的说法乍一听可能过于理论化，但稍加思考便会发现，这种说法为支持孩子的创造力提供了一个"亲子友好"的框架。

> "我看到大理石中有一只天使，于是我不停雕刻，直至使它自由。"
> ——米开朗琪罗

那么尼古拉斯和他的电子游戏是如何体现丹尼尔·基廷对创造

第二章 创造力

力的这 4 点理解呢？他在生物学和游戏制作方面（特定领域的专业知识）才华初显；对于如何让游戏更有趣、更有挑战性、更吸引玩家，他提出了新颖独特的想法（发散性思维）；他系统地指出了哪些想法可能贯彻落实取得最佳效果，从而甄选出那些他需要继续微调的想法（批判性思维）；最后，他为出售游戏而策划营销（沟通能力）。

由此可见，尼古拉斯在电子游戏项目中确实表现出了创造力。虽然与毕加索在绘画方面的绝佳创造力或是阿尔伯特·爱因斯坦在科学领域的天赋不同，但若父母和老师能及时鼓励，这种小写的创造力最终可能会发展成影响更为深远的大写的创造力。

常有人说："我就是没有创造力。"仿佛创造力就是一个简单的"有"或者"没有"的绝对判断题，这与直接用"高"或者"矮"来判断身高别无二致。虽然有能力改变整个领域发展进程的人凤毛麟角，但具有创造力却是每个人都触手可及的目标。丹尼尔·基廷所指出的这 4 个要素就是培养创造力的绝佳起点。下面我们分别来探讨这 4 个方面。

> "未受教育的天才如玉在璞中。"
> ——本杰明·富兰克林

特定领域的专业知识

具备特定领域的专业知识对培养创造力和智力来说同样重要。简单来说，只有具备了一定的专业知识和技能，才能变得有创造力（或聪明）。例如，如果没有足够的词汇量和对语言使用的透彻理解，无论写作理念多么出类拔萃，见解多么独到深刻，也很难成为一位有创造力的作家。成功人士（作家、发明家、数学家等）的人物传记里在谈到创造力时都有一个共同的主题，那就是对自己感兴趣的领域的知识了如指掌。

棉被制造商朱迪·安妮·布莱曼下面的话说得很有道理：

> 普通大众认为创造力不可预知，认为创造力只钟意于少数有天赋的人，创意会从这些天赋异禀的人身上毫不费力地倾泻而出……然而，当研究人员研究创造力的本质时，却得出了截然不同的结论……创造力看似魔法般地凭空出现，实则有迹可循，它来自信息的深井，需要大量的信息积累做支撑。
>
> 偶尔的灵光乍现并不足以支撑我们走得长远。相反，为了提高我们的创造力，我们需要更加深入了解专业技能，更加精湛地掌握专业技术。离开了知识，我们脑海中就不会产生独特而有趣的想法，更无法将它们整合以进行创造。比方说，织工要想生产出棉被，就需先了解她在纺织过程中可能会用到的所有材料和图案……如果没有技术，我们只能凭空想象出一床

第二章 创造力

与众不同的被子、一幅惟妙惟肖的画或一首文采斐然的诗，但无法将想象变成现实。

很多时候，父母认为专注于知识和技能会剥夺孩子的创造力。恰恰相反，正是这些知识使创造成为可能。

> "找到好点子的最佳办法就是多想点子。"
> ——莱纳斯·鲍林

发散性思维

提到创造力，人们会想到发散性思维——这些富有想象力的、非比寻常的想法总会以其独创性让我们感到惊喜。发散性思维是创造力的另一个维度，它诙谐、古怪又独特，自发地与其他的思维方式区分开来。正如诺贝尔奖得主、科学家莱纳斯·鲍林所说："找到好点子的最佳办法就是多想点子。"想象力是创造性思维下涌动的气泡。

卡琳4岁的时候，自创了一些比喻的表达来帮助自己理解周遭的世界。她观察到太阳下山时花瓣会合拢起来，就说："夜晚是花儿的睡觉时间，花儿也会像我一样蜷缩起来睡觉。"

卡琳的母亲告诉我们，她的女儿总有无穷无尽的想法，从烹饪实验（"如果鸡汤里加入花生酱会怎么样？"），到设计戏剧服装和舞台布景，再到对不同的智力领域更深入的探索。

老师森卡·奈姆吉就发散性思维在创作过程中的作用写道：

> 你有没有注意黄瓜在生长的时候是如何伸出藤蔓的？随着黄瓜植株越来越大，藤蔓可以缠绕在周边环境中的某种东西上，为植株提供支撑。
>
> 藤蔓就像植物的发散性思维，它们向多个方向生长，如果其中一根藤蔓附着在篱笆的钉子上，它就会紧紧地缠住钉子，再从那里更用力地向上生长。
>
> 但是许多藤蔓无处可去，无物可依，最终就会走向干枯。尽管如此，我们还是要对黄瓜心怀敬畏，因为它敢于冒险，敢于将藤蔓伸向任何地方。有时，原本无处依附的藤蔓会碰巧攀附上今天刚刚出现的东西。从这一点来讲，有些藤蔓具有前瞻性。

父母应该尊重和鼓励孩子的多种想象力，因为这些想象力是激发创造力的灵感源泉。

> "创造力产生于自发行为与限制因素之间的张力，限制因素（就像河岸一样）迫使自发行为转化为艺术或诗歌作品所必需的各种形式。"
> ——罗洛·梅

第二章 创造力

批判性思维

批判性思维帮助人们判断哪些创新想法更具价值，如何才能使这些想法更富成效。研究创造力的心理学家罗洛·梅强调，限制性思维或批判性思维对取得创造性成就至关重要。他用的河岸的比喻很贴切：如果没有批判性思维的限制，伟大的想法就会漫无目的地四处乱窜，最终一无所获。

霍华德·加德纳在其著作《大师的创造力》（Creating Minds）中列举了7位在不同领域中进行变革的成功创造者：西格蒙德·弗洛伊德、阿尔伯特·爱因斯坦、巴勃罗·毕加索、伊戈尔·斯特拉文斯基、T.S. 艾略特、玛莎·格雷厄姆和甘地。这7个人的相似之处不多，其中之一就是他们都在各自的领域中展现出非凡的批判性思维能力。从众多想法中选出值得投入时间和精力的最佳创意的能力是实现创造力产出所必须具备的。

> "沟通是自我表达的实现方式。"
> ——赛珍珠

沟通能力

沟通能力是创造力的第四个基石。在前面的例子中，尼古拉斯想与其他人分享他研发成功的电子游戏《昆虫大军和捕蝇草》，他的创造力沟通方式就是市场营销（或其他分享想法的行为）。为了推广游戏，尼古拉斯必须为不同的角色编写脚本、梳理情节，并设计引人入胜且条理清楚的软件包，以便向他人展示。

要培养创造力，就必须要有高超的沟通技巧。一位音乐家，即便掌握了世间所有的音乐知识，能够创作出美妙的旋律，但如果他不能通过表演或是作曲有效地表达自己的想法，他的才华就会被埋没。一位建筑师，即便能构想出新颖的建筑，但若不能将想法落实到施工图纸上，那他无异于在沙滩上涂鸦。正如赛珍珠所说，创意要想实现，就不能只停留在构想阶段，要走出人们的脑海，进入现实世界。

平衡创造力的这4个维度至关重要。过于强调知识会挤掉发散性思维；过多的发散性思维会分散时间和精力；太多的批判性思维会阻碍新想法的诞生；太过关注沟通而忽视内容、创意或批判性思维过程的任何一个方面，则都会使沟通流于形式。父母可以与孩子沟通分析创造力的4个维度，共同思考如何将其应用到孩子感兴趣的领域，从而帮孩子实现创造力4个维度的有效平衡。

当专业知识、发散性思维、批判性思维和沟通能力在为目标服务的过程中平衡地结合在一起时，创造力就应运而生。创造力的4个维度都是可教（和可学）的，所以这种"四管齐下"的方式为父母提供了切实可行的方法。它为培养儿童创造力指明了具体方向，这种方法不仅适用于常规的创造力相关领域，如音乐、绘画和舞蹈，还适用于数学、科学、技术和其他所有领域。父母帮助孩子加强创造力的 4 个维度，孩子成年后就更可能乐于创造。

创造力养成计划的 10 个要点

与智力一样，在应对挑战和克服困难的过程中，创造力也会随着时间的推移逐步发展。发展智力需要付出努力，创造力的提高也需要付出努力。当然，人们可以自主选择是否要提高自己的智力，是否要培养自己的创造力。

罗伯特·斯滕伯格认为，"儿童和成人一样具有创造力，这种能力不是与生俱来的，而是通过做一系列决策形成的。从本质上讲，是他们的决策造就了创造力"。如果孩子要成功适应瞬息万变的世界，他们必须学会"为创造力而决策"。斯滕伯格提出了一个"10 条计划"来帮助孩子做到这一点。我们已经在上文讨论过他的观点对孩子能力发展的意义，在此主要讨论父母应如何利用这 10 点建议支持孩子为自己做出有创造力的决策。

重新定义问题

创造力养成计划的第一个要点是重新定义问题。这意味着要以开放的心态看待事物，不接受维持现状的处事方式。例如，19世纪下半叶，法国画家爱德华·马奈和他的同事们重新定义了艺术家的绘画方式，为后来的印象派发展铺平了道路。他们在画日常生活场景时，更注重画面情绪和整体效果，淡化了线条和细节。他们走出画室，描绘自然世界，把艺术家的问题重新定义为以迅速的手法捕捉瞬间的印象，他们创造的是忠于真实感受的场景或人物，并非物理上的客观状态。

实际上，小孩子非常善于自发地重新定义问题。有时他们并不觉得泥坑肮脏又危险，应小心避开，反而觉得那是赤脚乐享湿软泥土的机会。有时他们会去检查一下水坑，谁知道里面隐藏着什么呢？有时他们甚至会把泥土涂在脸上。父母想要帮助孩子养成创造性的思维习惯，并开发他们的智力，就要鼓励他们对重新定义问题保持开放的态度，要随时向孩子指出自己在日常生活中遇到的可以用这种思维方式处理事情的事例。

分析自己的想法

创造力养成计划的第二个要点是分析自己的想法。虽然鼓励像"重新定义泥坑"这样的发散性思维很好，但并非所有的想法都是好的。不管是阿尔伯特·爱因斯坦，还是毕加索，或者其他任何人，谁都不能保证他们的所有想法都是正确的。质疑是创造力的一个重

第二章 创造力

要组成部分，更是批判性思维的组成部分。孩子要学会评判自己的想法，例如判断哪些想法值得追求，哪些应该放弃或留待以后（例如，将泥土当颜料涂在脸上的想法，最好留待以后）。

尼古拉斯似乎对他的电子游戏有着无穷无尽的想法。起初，他设计了几十个自认为有趣或奇特的角色。然而，当意识到游戏要推向市场时，他重新审视了自己的设计，严格筛选每个角色。因为他明白，只有精心制作每个角色，才能让朋友和其他人喜欢。

父母可以与孩子一起对想法进行评判培养孩子的创造力，也可以通过向孩子提问帮助孩子学会自己培养创造力。

推销自己的想法

一个想法越重要、越创新、越有突破性，就越难得到认可，或许这听起来有点矛盾，但至少刚开始时是这样。推销自己的想法是创造力养成计划的第三个要点。许多声名远扬的小说家刚开始写作时都经历了多年的失败和潦倒。J.K.罗琳、乔治·奥威尔、约翰·格里森姆、凯瑟琳·斯托科特和欧内斯特·海明威都是典型代表，他们的作品为大众知晓得益于他们的坚持，这种坚持不仅体现在小说创作上，也体现在作品推销上。弗洛伊德和阿尔伯特·爱因斯坦也是如此，在作品发表前他们艰难奋斗多年，也没能让自己的开创性理论得到关注，更不用说被本领域内有影响力的人阅读或理解，甚至进一步采纳实施了。

孩子的建议没有获得老师或其他孩子的即时认可时，父母往往愤愤不平，实际上大可不必。不断打磨自己的想法有助于提高孩子的创造力。使自己的解释足够令人信服以打动他人，也是创造力的一个必要组成部分。父母向孩子展示增强说服力的技巧，能够促进孩子的社交能力、沟通技巧以及创造力的发展。

牢记知识是一把双刃剑

虽然人们需要学习新知才能超越已知，但这种知识可能会对预见能力造成干扰。因此，创造力养成计划的第四个要点就是要牢记知识是一把双刃剑。一个自认为对某件事已了如指掌的人很难再接受新的视角和观点。父母倾听孩子的声音，教育和引导孩子，可以使自己的创造力保持活力，也可以借助孩子的新奇视角欣赏经验丰富的人可能会错过的事物。

上文提到的卡琳描述"花儿像人一样蜷缩入睡"的比喻，就是会令听到的人精神为之一振的观察视角。拥有终身学习意识的父母更善于倾听孩子的想法，原因之一就是他们意识到知识储备相对较少的人（比如孩子）感知或解决问题的方式令人惊奇，而父母虽然拥有更多的知识和经验，却从未如此想过。

第二章　创造力

克服障碍

创造力养成计划的第五个要点与推销自己的想法有关，就是要学会克服障碍，因为培养创造力的过程中不可避免地会遇到障碍。实际上，人们提出质疑之时就是遭遇反对之时。想法越具有开创性，情况越是如此。阿尔伯特·爱因斯坦曾说："如果一个想法一开始不够荒谬，那么它将毫无希望。"他还说："伟人总会遭到平庸之人的强烈反对。"斯特拉文斯基在《春之祭》(*Rite of Spring*) 首演时受到广泛批评，伽利略因其看似骇人的主张（即地球绕着太阳转而不是太阳绕着地球转）而遭到教会的谴责，这些都是重大突破性观点遭到强烈反对的著名事例。

这里还有一个不太为人所知的例子：

> 米歇尔上五年级时，认真写了一份读书报告。这份读书报告包含了老师要求的所有元素：情节、人物、背景、主题等。她自认为写得很好，却得了零分，她大受打击。零分！为什么？因为老师要求读书报告写成有引言、正文和结论的散文文体，而她的读书报告则写成了押韵诗。
>
> 米歇尔回家后很生气，但是几天后，她将自己在诗中的想法改写成常规的散文文体，重新提交了一份读书报告。老师将这两份作业放在一起重新评阅，最后给米歇尔的作业打了高分。

在这个例子中，米歇尔没有因为不公正的零分而一蹶不振或勃然大怒，相反她克服了障碍，并学会了沟通的艺术。

有创造性想法的人一定会遇到障碍，关键是如何看待和处理所遇到的障碍和遭到的拒绝。为了回应编辑、评论家、出版商的批评，我们往往能受到激发写出更好的作品。当然，我们必须先平息愤怒，然后扪心自问，怎样才能让我们的作品更有条理、更有说服力。父母可以向孩子展示如何有效地应对反对意见，将问题视为强化和微调自己想法的机会，通过这种方式提升孩子为创造力而决策的能力。

承担合理的风险

创造力养成计划的第六个要点是学会承担合理的风险。敢于冒险的孩子（如尼古拉斯、卡琳和米歇尔）所经历的风险之一是学校通常会迎合常规思维。实际上，学校本就是为了培养常规思维而设计的。例如，在考试中，学生通常会选择保险的答案，这样成绩才会更好。若孩子在课堂上分享他们的奇思妙想，就有可能遭到惩罚，例如得到较低的分数或与老师发生冲突。

乔安尼在高中时上了一门创意写作课，有一天她写了一篇题为《繁忙街道，观橱窗模特有感》的论文，题目就是整篇文章，除了

第二章 创造力

顶部的标题，其他只字未写。这就是一种风险，但这合理吗？这篇论文的成绩应该是 A 还是 D？（您来决定……）

可悲的是，即使在艺术、音乐和创意写作课上（人们通常认为应鼓励创新的课），老师也经常惩罚那些愿意冒险的孩子。我们都听说过这样的故事：某些著名的艺术家、音乐家和作家，小时候艺术课、音乐课或创意写作课的考试不及格。

你希望自己的孩子承担创造力的风险，但又不希望他承担过分的后果。要想解决这一困境，就要教会孩子将目光放长远。既鼓励他为创造力冒险，也帮助他学会妥协折中，学会分析创造力的相关风险，并判断哪些值得冒险。要宽慰他，一旦他能证明自己在选定的领域能力出众，那么就可以进行他想要的冒险，前提是他必须先证明自己。

不断成长

即使是那些一开始就具有创造力的人，随着时间的推移，也可能会在舒适圈中停滞不前，而创造力养成计划的第七个要点就是要不断成长。毕加索说："小时候人人都是艺术家。问题在于，长大之后如何继续做艺术家。"弗洛伊德也表达了类似的观点："孩提时聪明伶俐光芒四射，成年后却意志薄弱平庸无奇，这是多么令人心痛的鲜明对比啊！"

有些人取得了初步成功后，便停滞不前，如果进一步发展，他们可能会成为专家，却没能再向前发展。尤其可悲的是，他们还会强烈抵制他人的新想法，就像当初别人抨击他们的新观点。

　　保持创造力的唯一方法是不断寻找挑战，并想出新方法来应对挑战。在这一点上，父母的言传身教对孩子最有效。我们应该向那些在生活中直面挑战、不断突破的父母致敬，无论是向新方向不断拓展自己的创造力，还是仅仅为了庆祝日常生活中的创造力而"赤脚走泥坑"，这样的父母都很棒。

相信自己

　　那些为自己的创意承担风险的人可能会发现自己孤立无援，这种情况有时会持续很长时间。因此，相信自己是创造力养成计划的第八个要点。对于那些墨守成规者的反对，理性的回应就是许诺未来会谨言慎行。谨慎行事，也许是正确的，却没有创意。提出创新想法意味着时不时会犯错，这确实让人感到尴尬、恼火或沮丧，但要知道，创造力带来的兴奋感和刺激感来自冒险，但潜在的代价是可能对自己丧失信心。

　　如果米歇尔和她的老师没能就押韵的读书报告达成合理的妥协，那么故事的结局可能会完全不同。米歇尔在写作中冒险创新的意愿也可能会消失，这将是莫大的遗憾。好在她已经成为一个痴迷于写作的作家，还通过此事学会了（除了其他方面）什么时候可以使用押韵，什么时候最好写散文文体。

为了保持创造力（保持智力也一样），孩子要学会对自己的能力有信心，这样他们才能经受住批评，从错误中重新站起来。保拉（第一章那个喜欢破解谜题的女孩）遇到困难时，会加倍努力，因为她相信通过自己的努力和大家的帮助，问题终会解决。孩子想要塑造这种信念，需要父母的安慰和鼓励。要让孩子知道，即使之前没能产生好的想法，但只要相信自己，创意随时会来。

包容模糊性

弗朗西斯·斯科特·菲茨杰拉德在书中写道："检验一个人是否具有一流智力，就看他是否能头脑中同时存在两个相反的想法，大脑还能正常运转。"创造力养成计划的第九个要点就是包容模糊性。几乎所有的创造性工作都有一个漫长又煎熬的阶段，在这个阶段里，两个（或更多）相互排斥的想法都有一定的说服力，让事情进展不下去。为了培养创造力，你不得不忍受这种状态，熬一段时间才能水到渠成。

幼儿时期，孩子需要明晰确定的结果才能获得安全感。幼儿世界里的人物不是英雄就是恶棍，不是朋友就是敌人，事情非对即错，尽管这些人或物会随时间变化而异。例如，6岁的艾丽西娅昨天还是布伦娜最好的朋友，今天就和对方闹掰了。也许两个人都不明白，最好的朋友有时也会让人生气，这是正常的。10岁或11岁之前，事物的意义需要更成熟的智力才能识别，大多数孩子很难理解这其中的细微差别、模糊性和复杂性。因此，明智的做法是等孩子成长到足以理解模糊性的年纪，再教他们学会包容。即便是那个时候，父母也要有足够的耐心，因为包容模糊性确实很难，孩子可能需要很长时间才能完全掌握。

分阶段进行争议话题（例如，动物的权利、在家上学等话题）的辩论，是让年轻人了解复杂想法中所固有的模糊性的好方法。辩论时，将孩子随机分配为正方和反方，然后就各自立场进行小组辩论。一定时间后，双方交换立场，正方变成反方，反方变成正方。辩论结束时，要求每个人阐述自己的立场，阐明正反两方观点的利弊。最后让每个孩子对此次辩论进行反思：此次辩论是否改变了你对这个话题的看法？如果你刚刚只站在一方立场上，而非两种立场都尝试，那你对该问题的理解还会深刻全面吗？

安大略省的高中老师米沙·阿巴内尔曾指导学生在国际、全国和省级辩论赛中取得优异成绩。他这样描述辩论的好处："组织得当的辩论不仅可以提升研究能力、沟通能力以及组织能力，还能提高自信心、创造力、推理能力，以及培养合作精神、尊重意识和同理心等，还可以帮助孩子培养对细微差别和复杂性的鉴别力。"

模糊性当然不如确定性那么让人舒适，但它对创造性工作至关重要，在完善想法方面也极具价值。父母可以帮助孩子体会创造的乐趣，让他们知道创意的回报是丰富的。父母还应该帮助孩子认识到，不适感是模糊性所带来的代价之一，有时可能持续很长时间。

找到喜欢的事，然后去做

相关传记和访谈在谈到那些创造力非凡的名人时，都强调只有热爱自己所从事的工作，才能坚持下去，这是创造力养成计划的第十个要点。莫扎特曾写道："单有超群的智力或想象力并不能造就天才，即便两者兼而有之也不行。天才的灵魂是：热爱，热爱，还是热爱。"

人们做自己酷爱的事情最能激发创造力。因此要想培养孩子的创造力，父母需要帮助孩子找到他们喜欢的事情，然后提供必要的机会支持他们大胆尝试。这种机会也许是小提琴和音乐课，或者是一块花岗岩和一套石凿，抑或是科学博物馆的会员资格。不同时期，孩子选择去体验或决定进一步尝试的事物可能会不同。最终，正是对所做事情的热爱，促使我们不懈努力、自制自律、持之以恒，最终取得创造性成就。

创造力是可以培养的。它不是一成不变的能力或性格特征，并非与生俱来。父母要鼓励孩子培养创造力，教给孩子在这个瞬息万变的世界中取得成功需具备的基本技能。当然亲身示范是最好的教授方式，如果父母能从自身做起，为孩子做出培养创造力的表率，则会事半功倍。

忘却时间，体验心流状态

各个领域（包括科学、艺术、体育和人文学科）内富有创造力的人都经历过一种状态，心理学家和创造力专家米哈里·契克森米哈赖将其称为"心流"（flow）。心流是完全沉浸在一项活动时的状态——精力集中、身心投入、忘却时间。有过心流体验的人都想继续体验。这就像一种令人愉悦的药物，首先激发心流状态，然后激励人们进一步、更深入地进入心流体验。

> "人进入创造性状态会忘我投入。他往潜意识里放一只水桶，打捞上来一些平日里不可企及的东西。他将这些东西与日常经历结合，从中提炼出艺术作品。"
> ——E. M. 福斯特

那么心流是如何产生的呢？

首先，要有明确清晰的目标（具体的短期计划和合理的长期志向）。设计电子游戏《昆虫大军和捕蝇草》时，尼古拉斯全身心投入，那时的他已进入"心流"状态。对昆虫和自然的热爱激发了他研发游戏的欲望。他很享受这个过程，愿意为此夜以继日地工作。对于角色开发、背景设置、计算机编程以及其他方面的工作，他都设置了具体的短期、中期和长期目标。

产生心流的第二个必要条件是挑战的难易程度与自身的能力水平相匹配，也就是说，挑战既不能太容易，也不能太难。尼古拉斯对学校布置的植物科学项目作业（哪怕是捕蝇草）不感兴趣，那对他来说太简单了（也太无聊了）。他也不会投入数百个小时去研读植物学教科书中的知识，因为这些书本要求更高难度的科学知识和理解能力，绝非 9 岁的他所能轻松掌握的。他设计的游戏要求他掌握扎实的科学和计算机软件知识，这种难度既足以挑战自己，又在他的能力范围之内。

产生心流的第三个必要条件是得到即时的反馈。反馈既包括赞扬，也包括建设性批评。有些即时的反馈内嵌在执行过程中，例如，在设计电子游戏软件的过程中，正确与否立马可知——设计对了，游戏就能顺利运行；错了，游戏就会中断。这种即时性的反馈有利于尼古拉斯保持动力将项目做下去。

总之，父母要想促使孩子进入心流状态，需要帮助孩子制定短期和长期的现实目标，要确保这些目标既有足够的挑战性，又不能超出其能力范围，还要根据需要提供及时的反馈。

孩子身上最重要的 3 个特质

"你最想在孩子身上看到的 3 个特质是什么？"回答这一问题时，很少会有父母把好奇心列在内。他们的回答通常是快乐、智慧、正直、创造力、尊重、自信、毅力等，当然，这些都相当重要。

但是，明智的父母会意识到好奇心的价值。好奇心可以刺激其他重要品质（如智慧、创造力和毅力）的发展。例如，埃莉诺·罗斯福说过："我认为，孩子出生时，如果母亲可以为孩子向仙女教母祈求一份最有用的礼物的话，那就应选择好奇心。"

好奇心不仅能激发孩子的探索欲望，还能激发孩子的想象力和不断学习的动力。好奇心会引导孩子去探索一些重要问题（谁？何时？何地？做了什么？为什么去做？如何认知所处的世界？）的答案，进一步提高他们的智力水平。好奇心还会激发孩子探索生活的欲望，吸引他们专注投入，激发潜力，点燃激情，从而取得不同凡响的创造性成就。由此可见，火星探测器被命名为"好奇号"是多么应景。

在《教好你的孩子》(*Teach Your Children Well*)一书中，玛德琳·莱文写道："和孩子一起保持好奇心……把清澈液体倒进浴缸后，坐在孩子身旁，跟她一起观察：清澈的液体变成了五颜六色的彩色气泡，随着她轻微的呼吸翩翩起舞，最后消失不见……在这个过程中，孩子既加深了对世界的认知，又锻炼了观察能力。好奇心和观察力正是学习的核心。"

第二章 创造力

那些长期保持好奇心的孩子发展得最好,他们学会了批判性思维和创造性思考,不断提出问题还乐于发现。正如阿里斯泰尔·库克所说:"好奇心是随心所欲的智慧。"

如果你问孩子"你学习新事物的动力是什么?"或者"仙女教母赐给婴儿最好的3件礼物是什么?",你会发现,他已然知道了好奇心就是那个神秘的答案。

测试:创造力的培养方式

为指导父母思考哪些做法有利于培养和提高孩子的创造力,我们设计了以下测试。虽然有些问题只适用于学龄期及以上的儿童,但是对理念、态度和观点的思考再早也无可厚非。

1. 我是否让孩子接触到了文化、智力、科学、体育和技术等诸多领域?(是/否)
2. 一旦孩子确定了对某个或多个领域感兴趣,我是否会支持他更多地探索这些领域?(是/否)
3. 我是否认可偏离常规的认知和做事方式?(是/否)
4. 孩子可以有与我不同的想法吗?(是/否)
5. 我是否赞美孩子的顽皮、自然举止和好奇心?(是/否)
6. 我是否将错误视为学习机会?(是/否)

7. 我是否愿将孩子的错误视为学习机会？（是/否）
8. 我支持合作吗？我是否意识到了孩子在团队协作中的贡献？（是/否）
9. 我是否鼓励孩子以开放、耐心和包容的态度看待他人的想法？（是/否）
10. 我是否鼓励孩子尽可能坦率、诚实、有效地与他人交流？（是/否）
11. 我有认真听孩子说话吗？（是/否）
12. 我是否会对孩子的努力提供即时的反馈？（是/否）

这些问题没有特定的顺序，测试是开放式的，欢迎您发挥创意进行补充。而且，由于测试仅需回答"是"或"否"，您有足够的空间来反思自己做了哪些事、怎么做的，哪些事还没做以及要如何去做。

创造力是自发的，无法精准衡量，所以这个测试没有设置分数。但如果您回答了很多"是"，说明您已经在着手鼓励和促进孩子创造力和智力的发展了。反过来讲，每一个"否"的答案也为培养孩子的创造力提供了新思路。

创造力和智力是不断变化和发展的，不是与生俱来的，也不会有些人天生多，有的人天生少。创造力和智力在发展过程中相互依托、相互促进，使大脑建立越来越多的神经连接，从而促进认知水平的进一步发展，认知水平的提高反过来又促进了孩子各项能力的提高。

第二章　创造力

养育的秘诀

1. 鼓励孩子发现并发展自己的兴趣爱好，以此促进其创造力和智力的发展。
2. 培养孩子的创造力要重视以下4个重要方面：(1)特定领域的专业知识；(2)发散性思维；(3)批判性思维；(4)沟通能力。
3. 帮助孩子平衡这4个方面，而不是过多关注其中某一个方面。
4. 为了培养孩子的创造性决策，父母要在生活中做到以下10点：(1)重新定义问题；(2)分析自己的想法；(3)推销自己的想法；(4)牢记知识是一把双刃剑；(5)克服障碍；(6)承担合理的风险；(7)不断成长；(8)相信自己；(9)包容模糊性；(10)找到喜欢做的事，然后去做。
5. 帮助孩子在生活中做到上述10点。
6. 培养和增强孩子的好奇心。鼓励提问，一起寻找答案。鼓励孩子进行探索和发现。
7. 完成"创造力的培养方式"测试，看它是否会带给你更多想法。

所有这些都引出了另一个问题：能力是如何发展的？这是下一章的重点内容。

第三章

促进孩子的能力发展

第三章 促进孩子的能力发展

> "我不是天才,只是经验丰富而已。"
> ——巴克敏斯特·富勒

前两章论述了随着时间的推移智力和创造力会伴随着学习机会的增加而不断发展变化,这让人们看到了智力和创造力发展的无限可能,同时也提出了一些难题:哪些机会适宜?什么时机恰当?为了促进孩子的最佳发展,不同年龄段孩子的父母应该(或不应该)采取什么举措?如何平衡工作和玩耍之间的关系?本章将着力解决这些问题。

孩子发展的每个年龄段都有其独特的经历和挑战,所需要的支持、资源和养育技巧也各不相同。因此,我们将分成4个年龄段进行讨论:婴幼期(出生到5岁),童年期(5岁到11岁),青春期早中期(早期为11岁到14岁,中期为15岁到18岁),青春期后期至成年初期(18岁及以上)。不同年龄段的育儿策略不同,早期还行之有效的育儿策略（比如，社交活动的组织、阅读材料的选择），后期却可能会引发问题。

作家兼广播员保罗·图赫在接受美国全国公共广播电台（National Public Radio）采访时，就父母抚养孩子成长过程中所面临的挑战有如下论述：

> 孩子年龄太小时（年仅一两岁），父母再怎么溺爱都不为过。这个年龄的孩子正是需要支持、关爱的年龄段，需要父母真正了解、认可他们的需求。1岁到3岁期间某个时候，情况会发生转变，孩子的需求开始转变为寻求独立和挑战。步入童年中期和青春期后更是如此，孩子希望父母少些教导，希望父母置身事外，任由自己摔倒再爬起来，自己的仗自己打。

您可以自主选择通读本章全文还是节选阅读。为了提高效率，您可以只阅读与您孩子年龄匹配的内容。当然，您也可以通读全章，以便回顾孩子成长过程中的点点滴滴，反思现在，同时未雨绸缪。

学习和玩耍之间的相互作用是贯穿本章的主题之一。从出生到成年，孩子在不同年龄段和不同领域的智力发展呈动态的弧形变化，从侧重玩耍到侧重工作，再从更多的工作到玩耍，如此循环往复。丽娜·萨波尼克和她同事的最新研究发现，无论是在哪一领域取得高成就，其模式基本都遵循一条发展主线：在玩耍中探索趣味，获得技巧，再日益精通，最终产生极具创造性价值的实质性成果（创造性产出或创造性表现）。

工作和玩耍对智力发展和所取得成就的影响孰轻孰重，人们对此观点不一。托马斯·爱迪生说过："机遇有时会改头换面，穿上工作服伪装成工作的样子，大多数人因此与机会失之交臂。"他认为埋头苦干才能出成就。作家约瑟夫·奇尔顿·皮尔斯却认为："玩耍是释放人类最高智慧的唯一途径。"他认为最高成就的取得离不开玩耍。这两种观点都能从神经学和心理学的最新研究中找到理论依据。

婴幼期：促进大脑发育

对婴幼儿而言，父母乐享与其共度的亲子时光，就能对其智力发育起到积极的促进作用。父母对婴幼儿的声音和动作的回应，无论是微笑的表情、亲昵的肢体语言或者逗引的笑声，都是父母参与婴幼儿大脑发育的最早和最重要的形式。从孩子出生一直到5岁左右，父母能否给予温暖、安全感、积极的回应以及复杂多样的刺激是影响孩子未来成就的关键因素。

安德烈娅·奈尔拍摄了一个有趣的短视频，她在视频中讲述了与婴幼儿进行亲子沟通的5种简单方式：怀抱宝宝紧贴心脏进行肌肤接触、与宝宝对视、唱歌给宝宝听、给宝宝洗澡做抚触、回应宝宝的面部表情。

与"虎妈"的养育方式不同，我们认为早期教育不适合进行持续的多感官认知刺激活动。研究表明，在满足安全和营养等基本需求的前提下，孩子生活在充满温情的家庭，感受到父母的爱、重视和尊重，才能为后续诸多能力的发展奠定最坚实的基础。

孕期9个月及孩子出生后的头几年是大脑发育的黄金期。孩子一出生就拥有大约1 000亿个脑细胞，也称为神经元。神经元彼此相连形成神经通路（突触），神经通路相交形成神经网络。

使用率高的突触得以加强，而未使用的突触则遭到淘汰。婴幼儿的大脑，就是在这种活跃的构建和淘汰过程中，通过感官和情感体验进行发育。尽管神经发育从孕期就已经开始，且将持续整个生命周期，但在早期表现得最活跃。

婴幼儿时期的成长环境对大脑的影响是不可磨灭的，不仅可以改变大脑结构，还能改变其功能路径。清醒状态下，婴幼儿的5种感官（视觉、嗅觉、触觉、听觉、味觉）会向大脑传递信息。这些信息由突触、神经通路和神经网络进行加工处理、分类储存，之后再遇到类似或相关问题时婴幼儿便更容易理解。婴幼儿时期的经历会影响他将来成为什么样的人，塑造他的兴趣方向和爱好特长。随着大脑不断发展变化，经历的外部环境及对环境刺激的体验也会发生变化，大脑和经历之间的相互作用则会一直持续下去。

婴幼儿的大脑充满活力、吸收力强，家庭环境的语言越丰富，经历越多种多样，孩子的受益就越大。特别是当孩子在玩耍和探索时，如果有和善、耐心和热情的大人陪伴，效果则最佳。随着宝宝逐渐长大，大人应尽可能多地对他的话语给予有效回应。父母也应该多问孩子问题。氛围轻松但又能引导孩子对自己所参与的活动进行深入思考的对话，可以激发孩子积极思考他与人物、地点、已知和未知事物之间的关联，使孩子受益。

> "世间所有的育儿智慧都不能取代亲密的人际关系、家庭纽带，这些才是人类发展的中心，是所有健全的心理思维的出发点。"
> ——塞尔玛·弗雷伯格

曾经有位父母就她买过的一件玩具向我们咨询，那件玩具非常昂贵，宣称可以教孩子辨别质地和声音，同时可以锻炼孩子的精细动作技能和整体运动能力。这当然是一个好玩具，但也不见得就一定比锅和木勺这样廉价的玩具好多少。能促进婴幼儿、学龄儿童大脑发展的选择不胜枚举，也不需要花多少钱，在此我们整理了如下清单：

清单：促进大脑发育的物品与活动

- **书籍**：带着兴趣和乐趣声情并茂地大声朗读书籍（"你注意到兔子的面部表情了吗？""你能模仿那个表情吗？""接下

来会发生什么事情呢？"）
- 创意活动：手偶，堆沙堡，唱歌
- **互动性科学和自然历史博物馆**
- 传统博物馆：邮票博览馆，曲棍球博览馆，蝴蝶博览馆（父母在这些场所引导孩子就所见之物进行交流）
- 音乐演出：即兴家庭合唱，街头艺人表演，卡拉OK，歌剧，交响乐，露天音乐会
- 艺术体验：用橡皮泥和湿沙做手工，用房子周围找到的零碎小物品做拼贴画，画粉笔画，参观画廊
- 戏剧体验：木偶剧，即兴表演，儿童戏剧
- 购物：食物，衣服，五金，药品（谈论其产地、制作方法、潜在客户和用途）
- 神秘盒子：里面装满了用于调查和感受的物品（竹子、海藻、鹅卵石、木屑）
- 在不同的街区散步：讨论建筑、设计、人们的活动
- 走进自然：去后院、公园、保护区（观察动植物，讨论适合相应年龄段的细节问题）
- 共同观看电视剧或视频：题材为人类、自然、历史、远方
- 动物园：尤其是宠物园，孩子可以与动物进行多感官（触觉、视觉、嗅觉、听觉）互动
- 农场，池塘，果园，海滩
- 厨房：一起做饭、进餐（和打扫卫生）

第三章　促进孩子的能力发展

- 壁橱、书架和厨房橱柜：潜在的藏宝库，可反复锻炼孩子对物品的分类整理能力
- 相册：拍照，然后分类、整理和陈列
- 体育活动：观看和参与
- 自由玩乐时间
- 旅行：漫步街区附近，穿过附近的社区或者进行线上的出国冒险活动

虽然智力刺激对于孩子的大脑发育极为重要，但这远远不够，孩子还需要进行反思，以温故知新、巩固所学，制订下一步计划。最新研究表明，过于注重学习中的听授环节（课程间没有充分的休息）实际上会减少孩子的总学习量。正如我们在本章后半部分讨论的，自由玩耍也是学习的重要部分，明智的父母应确保孩子玩耍时间与学习时间的平衡。

还记得第一章中提到的男孩罗伯特吗，他虽然得了流感，仍坚持智商测试。他尤其擅长数学，他的父母说他还是个婴儿时就喜欢数数。

罗伯特的父亲告诉我们："我们在他的婴儿床上方挂了一串色彩鲜艳的积木，他会每次移动一个积木，直到把全部积木移到一边后，又重复之前的操作，把积木一块块移向另外一边。看他这样数了几次之后，我们也一起加入。他开心得笑起来，然后重新数了一遍。后来一起数数就变成了我们家的晚间惯例，是我们家独有的

'摇篮曲'。"

他母亲接着说:"的确如此。之后我们又增加了一些变数,加减积木数量,或将这些数字与他能理解的物品相关联,如手指、脚趾或者毛绒玩具。"

他父亲补充道:"罗伯特长大一点后,房子周围能够找到的任何东西,他都要数一数。我们用成堆的物品设计数字游戏,比如蜡笔、乐高积木、意大利面条。不久,他又掌握了乘法和除法。"

他妈妈又补充说:"然后我们给他定做了算术练习册。他学数学时那么热切专注,幼儿园时已经能回答三年级的问题了。"

罗伯特的智力发育开始于父母提供的那种玩耍体验。他们欣喜于儿子日益增长的数学知识(不逼迫孩子求快求难),反过来提高了他对数学活动的乐趣。父母本身爱好数学,自然而然地看到孩子这些行为与数学相关,因此着力培养孩子的数学兴趣,而不是其他的兴趣。

罗伯特的父母渐渐从孩子的教育中退出。罗伯特 8 岁时,父母便不再主动参与他的学习,除非他另有要求。但是父母仍会给他情感支持,他遇到难题和困扰时可以随时求助父母。罗伯特的父母非常明智,他们知道该在何时以何种方式退出孩子的学习,让学习成为孩子自己的探索。

父母的兴趣不同,在孩子身上看到的能力就不同,鼓励孩子发展的兴趣也不尽相同。还是以移动婴儿床上方挂的彩色积木为例,对身体运动感兴趣的母亲,会随着孩子来回移动积木而左右移动

第三章 促进孩子的能力发展

身体，或许能创造一种舞蹈来配合孩子的积木移动；对环境的视觉方面感兴趣的父母可能会关注积木的颜色，会对宝宝说"红色像草莓，黄色像向日葵，绿色像青蛙，蓝色像你的雨帽"；对音乐感兴趣的父母会创作节奏或旋律为孩子移动积木伴奏。

在上述情况中，无论是在身体运动、视觉感知、音乐素养领域还是其他领域，父母的反应都会使孩子获得一种参与感和掌控感，同时使得特定领域的神经通路得以建构和强化。孩子感受到乐趣、得到鼓励以及获得亲子共同的愉悦时光（正如罗伯特的家庭案例所展示的），孩子的学习动力就会得到激发加强。当然，孩子的兴趣和发展方向也可能偏离父母的预期，但整体而言，得到强化的兴趣最有可能进一步发展。

如果孩子早期在某一领域的学习经历愉快且成功，那么他就可能有更强的学习积极性，并以远超其他幼儿的学习速度继续该领域的学习。这种现象有时被称为"马太效应"，是对天赋发展的一种解释：最初的微弱优势也会随着时间的推移累积成越来越大的优势。

孩子早期的愉快探索体验能进化为该领域的高阶学习，这在培养孩子音乐素养的案例中可见一斑。对刚开始学钢琴的小孩而言，课堂妙趣横生，学习效果最好。孩子慢慢长大后，学习乐趣将更多源自成就感（当然成就感的获得需要专注投入、自律自制以及严格的指导）。但在早期学习阶段，最能激发学习动力的是让学习充满乐趣。

动力能培养，当然也会受抑制。特别是在孩子发育早期，父母的回应可能会影响孩子是否选择发展某项技能。一位母亲凯丽向我们讲述了这样一个故事：

几年前，我儿子才2岁。有一天，他正朝车库的墙上扔球玩。我注意到他盯上了旁边的一个小蜘蛛网，还没等我反应过来，他已经把球扔了出去，令人惊讶的是，他竟然击中了。看着蜘蛛疯狂逃窜，我意识到我需要做出抉择——我是该斥责他的行为（"你毁了蜘蛛网！可怜的蜘蛛！"），还是什么也不做呢？

看着儿子焦急的脸，我说："投得真准！换一个位置怎么样？"他捡起球，指着一块油漆点，瞄准，投中。我让他又投了一遍，仍然正中目标。

看到他因为没挨我责骂而如释重负的那种开心，外加精准投球后的那种兴奋，我不禁想到，有时父母对孩子行为的反应，即使看起来微不足道，却会改变孩子对自己的认知，甚至可能会改变他的未来生活。（顺便一提，那天晚些时候，我趁机跟他探讨了一下如果那是只意志坚定且勤劳的蜘蛛，接下来它会做什么。）

凯丽对儿子扔球行为的反应，支持和鼓励了儿子，让他能在自己选择的技能上全力发展。如果能不断以这种"日常生活中的点

第三章 促进孩子的能力发展

滴"鼓励他发展运动能力,他继续锻炼自己身体技能的动力会日益增强。

埃伦·温纳在一项针对天才少年的研究中发现,有些孩子从小就表现出强烈的学习动机。这群天才少年虽彼此迥异,但他们身上却都具备一种迫切的学习欲望,她将其称为"掌控的欲望"(rage to master)。

"掌控的欲望",即对某个特定领域的学习热情,在那些普通孩子身上也能看到。对父母而言,孩子有内在的学习动力是件幸事,但是,管理他们的学习强度有时却具有挑战性,正如下文所述:

> 女孩罗宾今天过2岁生日。聚会结束,家里的亲属各自回家后,她坐在客厅的地板上,周围堆满了各式各样的礼物:玩具、拼图、书籍、皱巴巴的纸和丝带。她目不转睛地盯着3套色彩鲜艳的字母卡,这些字母卡还配有磁板和印有插图的单词卡片。
>
> 随后她选了一张字母卡片,将它放在其中一块磁板的正确位置上。字母名称她已牢记于心了,现在她决心学习这些字母在单词中的发音。
>
> 罗宾让妈妈陪她一起看字母表,每当她把字母放在对应的位置时,都要妈妈朗读字母的发音:"Ahh, Buh, Kuh, Duh, Eh, Fuh, Guh..."。她们不断重复这个过程,一遍又一遍,直到

罗宾能自己读出这些发音。

尽管母女二人都已筋疲力尽，但罗宾仍坚持再做一件事：她要自己拼出一个单词，然后读出来。她认真挑选出"DOG（狗）"这张卡片，一边把字母放到对应位置，一边发出"Duh, Awe, Guh, DOG!"的读音。

虽然那天她最终入睡的时间比平时晚了好几个小时，第二天她仍早早醒来，信心满满地要学习更多的单词。不久，罗宾便能独立阅读了。

这个故事告诉我们，父母要想帮助孩子将兴趣变成能力，就要关注孩子的兴趣点，及时给予回应，鼓励并规划其兴趣发展。前文提到过，爱迪生认为埋头苦干很重要，有人会因机会改头换面而与之失之交臂，也提到过皮尔斯认为对待玩耍的态度对智力发展至关重要，而从罗宾的故事中，我们可以看到"掌控的欲望"是如何与这两种认知相结合的。学习字母在单词中的发音对其他人而言可能是苦差事，但对罗宾来说只是一种玩耍形式，这是她当时最想做的事，做起来比其他任何事情都有趣得多。

虽然热情地投入学习才能走得更远，但有必要区分和谐型热情和强迫型热情。那些满怀和谐型热情的人把热情活动当作生活的乐趣，自己掌控自己的活动和生活；而那些怀有强迫型热情的人依赖于所追求的热情活动，导致热情沦为冥顽不化的坚持，干扰了热情活动和生活其他方面的乐趣。强迫型热情会导致早期倦怠，所以父母

第三章 促进孩子的能力发展

要特别留意，设法鼓励孩子的和谐型热情，寻求内在的平衡和快乐。

无论一个孩子是否表现出强烈的学习欲望，其能力发展都开始于乐趣。就像罗宾，她觉得字母和单词的拼读要比其他玩具更有乐趣。随着时间的推移，对某项活动的深度参与会逐渐发展成实际成果，这一过程需要投入不计其数的练习时间，其动力源于早期更有乐趣的探索阶段。父母要注意孩子能力发展的自然节奏，它始于充满趣味的玩乐探索，而后孩子认真练习，坚持不懈，刻苦学习，迎来更高水平的挑战（最终达到能力的最高水平后再回归到玩耍）。

在考虑下一个心理发展阶段之前，我们还需要探讨最后一个话题：早教（婴幼儿保育）。父母总是对此备感压力——那么多有关婴幼儿保育的观念和建议，有的甚至相互矛盾，实在难以抉择。父母中是否应该有一方在孩子上幼儿园之前都尽可能在家照顾孩子？所有孩子都应该上学前班吗？什么样的早教方式最有可能促进孩子智力发展从而带来终身幸福？

关于这一主题，美国国家儿童健康和人类发展研究所（National Institute for Child Health and Human Development，NICHD）开展了最全面的纵向研究。研究始于1991年，研究对象是来自美国各地不同家庭的1 000多名婴儿。研究旨在探讨幼儿保育环境的质量、数量和类型对幼儿的健康、行为以及认知水平的长期发展有何影响。

整体而言，美国国家儿童健康和人类发展研究所的调查结果表明，由全职母亲照料的孩子与由其他人（无论是保姆、父亲、亲属还是日托人员）照料的孩子相比，发展并无差别。真正关乎孩子幸福的是父母的特点和家庭特征，如温暖的家庭氛围、父母的及时回应和适当的刺激，而这正是我们在本书中一再强调的。

不过，研究人员也发现，不同的成长环境的确带来了一些差异。保育环境更好的孩子在语言、认知和社交发展方面表现更突出。这与梅根·冈纳和她同事的研究结论相符：孩子在缺乏陪护人的充分关注、支持和指导的环境中成长，会承受更大的压力。

陪护时间的多少也是一个很重要的参数。参与美国国家儿童健康和人类发展研究所研究的幼儿中，4岁半前父母没时间看护和照顾的孩子有更多的行为问题（有攻击性，且缺乏合作能力），也更容易患一些小疾病（上呼吸道疾病或胃病）。这一结论与梅根·冈纳的研究结果一致，即与由父母照顾的孩子相比，由日托所看护的孩子皮质醇（一种应激激素）指标更高，并且这种应激激素水平会随着日托时长的增加而上升。

第三个主要发现是，儿童保育环境所产生的影响随年龄而异。在保育中心的孩子早期在社会和认知方面表现更好，但同时3岁前也更容易患一些小疾病，上幼儿园后也会表现出更多的行为问题。梅根·冈纳经研究得出如下结论：3岁以下的孩子，在保育中心托管要比在家看护承受更大的压力，父母应将婴幼儿待在保育中心或日托所看管的时间减少到最低。

尽管美国国家儿童健康和人类发展研究所的研究结果表明，孩子即使处在不太理想的保育环境中也能有不错的表现，但孩子的智力和健康水平（包括认知、情感和社交发展）的提高取决于保育环境是否具备了上文讨论的那些要素，即安全、有回应、安静时间、和善、幽默、玩耍、语言刺激、多感官刺激、独自或与他人一起自由玩耍的机会等。不论是父母居家陪护还是托管机构保育，这些要素同等重要。

虽然孩子在托管环境中承受的压力更大，但这并不意味着孩子有一位全职父母看护就一定是最好的。如果全职妈妈因为要照顾孩子而不得不离开所热爱的事业，远离了社交，没了收入，对孩子产生了怨怼情绪而长期处于易怒易躁状态，那么孩子一天到晚跟这样的父母待在一起有害无益。看护人的耐心和态度很大程度上影响了孩子成长经历的质量（包括他能否参与智力开发活动）。

归根到底，保育方式本身没有优劣之分。每个家庭所采用的有效保育方式都是独一无二的，家庭状况不同，保育的有效方式也不同。无论保育方式如何，最重要的是提供一个安全、稳定和可预测的环境，让孩子感受到温暖、爱护和亲情，感到他人对自己的倾听和重视。如果孩子既能受到各种激励，还拥有很多机会参与趣味性活动和探索活动，那么他就能在接下来的人生阶段（即童年阶段）赢得先机。

童年期：发展兴趣、习惯和技能

与其他年龄段一样，5 岁到 11 岁期间，孩子最重要的智力发展并不在于学术技能或聪慧才智,而在于养成思维习惯,即坚持不懈、耐心、尊重、正直、想象力、责任心等,这些习惯促使孩子成年后愿意吃苦耐劳、持之以恒,最终造就他们的高智商和成就。那么这些思维习惯从何而来?父母该如何鼓励和培养孩子的这些思维习惯?

埃里克一直酷爱读书。当他还是个婴儿的时候,他的父母就坐在摇椅里轮流陪他一遍又一遍地朗读他最喜欢的故事。《拍兔子》(拍,拍,拍,抓,抓,抓)是他第一本翻烂的书。

刚能独立阅读,他就迷上了哈代兄弟(Hardy Boys)的冒险系列丛书。这一系列的每一本书,他都从头到尾阅读多遍。他还阅读其他多种体裁的书籍,并且很快发现他更喜欢历史、政治、体育和阴谋类型的书籍。他经常去图书馆,借阅成堆的图书。甚至新书还没到达图书馆,他就提前预约了。图书管理员每个月都会给他打好几个电话说:"埃里克可以来取另一本书了。"他经常阅读到深夜,有时额头上绑着手电筒读书。他读得很快,但并不影响他对细节信息的掌握,词汇量也随之迅速增长。

现在埃里克已成长为一名律师。无论是当初在法学院艰苦求学,还是现在成为一名执业律师,仔细而快速的阅读能力都对他大有裨益。他仍喜欢晚上花几小时读书,有时也戴着一个可调节的头灯。

第三章 促进孩子的能力发展

这个故事简要地说明了培养孩子的复杂过程，这也是培养快乐且高效的孩子最重要的秘诀之一。该过程从父母乐于培养孩子的兴趣开始，然后给孩子提供必要的学习机会，让孩子拥有尽可能多的学习体验，这样兴趣才会发展成为能力，并日益增强。之后如果孩子能继续保持其主动性，投入必要的努力，持续获得学习机会，应对学习挑战，他就一定会取得更大的成就。

> "每天反复做的事情造就了我们。优秀不是一种行为，而是一种习惯。"
> ——亚里士多德

5 岁到 11 岁这 7 年是孩子大脑的快速发育期。这期间，孩子的不同经历导致不同技能领域的神经通路得以建立、修正和加强。此时，让孩子广泛接触各种不同类型的活动（比如上文列出的促进孩子智力发展的活动）仍然十分有益，但其复杂程度需要逐步提升，以匹配孩子的能力发展水平。许多孩子在这 7 年间找到了自己特别感兴趣的领域，比如像埃里克一样钟爱语言类活动，也可能是科学、数学、音乐、体育，或者其他完全不同的领域。

孩子在特定兴趣上投入了大量的时间和精力后，父母可以为他提供进一步探索的学习机会，可能是让他学习难度更高的课程，也可能是提供必要的运动器械、实验装备或艺术素材。

鼓励孩子培养兴趣十分重要，但是父母给孩子提供支持时不宜过分热心。孩子一旦认为父母干涉了他的学习，他的学习动力就会受到抑制。

7岁时，苏尼尔告诉母亲他想弹吉他。虽然在此之前，他并没有表现出多大的音乐兴趣，但母亲依旧非常高兴。苏尼尔挑选了一把外观漂亮的吉他，母亲不仅买下吉他，还为他报了一位名师的系列课程。每周三，母亲都会去学校接上他，然后跨越城区去上课。每天放学后，又会提醒他必须练习。大约4周后，苏尼尔完全没了兴致，停止了练习，于是母亲又强制增加了一个规则，每天必须花30分钟练习吉他，否则不能有任何娱乐——不许看电视，不能玩电脑、手机、平板电脑或任何电子游戏。不久，母子二人就发生了激烈争执。母亲为自己对孩子的付出愤愤不平，而孩子对弹吉他心生厌恶。老师不得不建议他们停课休息。此后，苏尼尔再也没有弹过吉他，几年后母亲把吉他送了人。

如果苏尼尔的母亲当初能再耐心一点，不急于投入大量时间和金钱，只是支持并静观孩子兴趣的发展，故事的结局可能会完全不同。当孩子首次表达出对吉他的兴趣时，母亲可以先试着为其租一把吉他，然后在附近找个老师，安排一两节入门课。也许经过几周的尝试后，孩子会主动要求买一把自己的吉他或者报名更多的课程。对母亲来说，这就是一个绝佳的机会，这时可以再和他讨论后续的专心投入，比如他是否愿意为了取得进步而每日练习。

第三章　促进孩子的能力发展

当孩子的兴趣变得越来越浓厚，他会根据自己年龄和兴趣发展的程度，积极主动地选择想要的兴趣体验。例如，罗伯特 8 岁时，想参加数学竞赛，父母帮他找到了当地社区中心的一家学习社团，在那里，孩子可以和志愿老师一起备战数学竞赛。罗伯特很喜欢一周一次的数学小组研讨，中间的几天，他努力练习老师为他们提供的竞赛模拟题。如果父母刚开始时对罗伯特有别的要求（做难度更高的数学练习册或者学习其他更具挑战性的学术课程），那么他对数学乃至其他学习领域的积极性会逐渐减弱。

像大人一样，孩子在学习内容以及学习方式上有自己的喜恶偏好。他们有的喜欢独立学习，有的喜欢与他人合作，有的擅长解决课内难题，有的擅长进行课外探索。充分考虑这些偏好既有助于孩子享受学习过程，保持学习动力，也有助于孩子拥有一定的自主权。孩子只有掌控自己的学习，才会更积极地参与。

孩子童年会经历许多挑战，其中最重要的是建立健康平衡的生活方式。这种平衡既要涵盖足够的智力刺激、体育锻炼和睡眠，又要包含玩耍、思考、社会活动以及与家人的相处。要帮助孩子达成这种平衡，父母既要有一定的创造力和策划力，又要具备一定的沟通技巧。例如，如果罗伯特的父母担心他参加数学竞赛研讨会久坐不动，运动量不够，可以要求他步行、慢跑或骑行 6 个街区往返每周的研讨会；或者跟他一起商量出全家都能参与的体育锻炼方式。

分出事项的轻重缓急、达成平衡固然令人欣喜，但这只是阶段性的成就。因为孩子的需求、欲望、关注和兴趣会动态变化，孩子的家庭情况也是如此。因此，平衡目标应该是多维度且快速变化的，这样父母就能对其中的不平衡有所预期。父母要继续以保持平衡为目标，同时要获取孩子的助力，携手共进。

一旦孩子的兴趣发展成特长，那么学校提供的学习将很难满足其需求。例如，罗伯特的数学已经达到了七年级水平，让他上常规的二年级数学课，就会抑制他的学习热情；比起同龄的二年级学生，他需要的是更高难度的学习挑战。

那么，像罗伯特那样的学生，要想继续提高其数学技能，该怎么办呢？我们将在本书的其他章节（第五章和第六章），详细讨论父母如何与老师携手，以实现学校课程与孩子的能力相匹配。而本章强调的是，在现有能力的基础上向更高水平迈进对孩子全面发展的重要性。制订匹配孩子能力的合适学习计划才能保持其学习兴趣，而对技能的日益精通也有助于发展他的创造性思维和批判性思维。例如，如果孩子熟知基本的物理学和数学概念，就能更快地进入专业领域的学习，也许是粒子物理学，谁知道呢，也许有一天他会发现量子力学的新方法也未可知。

> "无聊的解药是好奇心，但好奇心没有解药。"
> ——多萝西·帕克

自由玩耍是抚养快乐且高效孩子的一个重要秘诀，但其作用却经常被低估。在过去几十年中，一提到玩耍，父母谈论更多的是玩具、教育拼图、电子游戏等，而忽略了孩子自己发明的一些游戏。孩子的时间往往被父母安排得过满，剩下的时间又越来越多地被电子产品所占据，留给自发行为、满足好奇心、即兴创作和发现的时间几乎没有。

许多父母认为，应严格安排孩子的时间以便最大限度地掌握某些技能，他们认为这会让孩子在学校、生活或竞争中略胜一筹，从而进入"最好的"学校和大学，然而，事实是就连蔡美儿（Amy Chua，"虎妈原则"的最初提出者）也对此观点开始动摇了。

越来越多的证据表明，留些空闲时间让孩子自由想象、探索、合作、发明，甚至是做点无聊的事儿，都很有益处。剥夺孩子的这些经历，就剥夺了他们发展关键技能的重要机会，例如管理自己的感受、情绪、时间、行为和注意力等。而从长远来看，这些技能是实现真正的成就、带来满足感的先决条件。如果孩子有足够的时间建造堡垒、玩过家家，或者构思海盗、贫民、牛仔和马戏团小丑的人物故事，并思考下一步该做什么，就更可能掌控自己学习的主动权。

杰罗姆·辛格自 1955 年以来一直研究白日梦。他把白日梦分成 3 种不同类型：积极创造型白日梦，充满顽皮、创造性的想象；内疚焦虑型白日梦，倾向于强迫性幻想；分神型白日梦，会导致注意力涣散。尽管我们不可能仅仅通过观察就判断出孩子在做哪种类型的白日梦，但要知道，孩子的发呆行为并非浪费时间。

丽贝卡·麦克米兰、斯科特·巴里·考夫曼、杰罗姆·辛格合写了一篇名为《积极建设白日梦之颂》（"Ode to Positive

Constructive Daydreaming"）的文章。在文章中，他们回顾了过去60多年这一领域的研究成果，并总结了积极创造型白日梦的好处，其中包括自我意识的觉醒、创造性思维的培养、记忆力的巩固、未来规划能力的增强、道德判断力的提高等。

孩子在周六的午后无所事事地发呆，这一举动看似是浪费时间，实则可能正在进行想象力游戏。在制定规则和设计游戏的过程中，孩子也在探索和发现自己喜欢做的事情，想要学习的知识，以及与他人互动的合理方式。因此就算无所事事，对孩子而言也非常重要，它可能是自我发现、增强决心和创造力的最佳催化剂。父母最好不要限定孩子玩耍的方式和内容，而是每天至少留出一些时间让孩子自创玩耍和学习的方式。

孩子的确需要有计划的刺激活动和充实自己的机会，比如参加一些课程、俱乐部，阅读各种书籍，进行拼图游戏，搭建积木，参加教育性活动，参观博物馆，欣赏表演，户外郊游等，但不宜用这些美好的事情将孩子的生活塞满，以至于连自由玩耍和反思的时间都没有。实际上，与我们的认知相反，甚至听起来有点违背常理的是，只关注时间是否充实以及能否取得成就会阻碍孩子的认知和情感发展，无所事事的时候反而可能是最有成效的时候。

玛丽莲·普瑞斯－米切尔曾著书论证嘈杂世界里静默的重要性，静默有助于孩子思考自己喜欢做什么，希望、梦想以及价值观是什么。深入发现和解决深层次问题也需要静默。普瑞斯-米切尔阐述了父母培养孩子自我反省能力的5种方式：（1）开展对话，让孩子更深入地了解自己的感觉、恐惧、兴奋和担忧;(2)探讨孩子的态度和假设;(3)尊重孩子的想法和感受的合理性,不进行评判;(4)行事方式与想法和感受符合;(5)与孩子进行有意义的对话,激发其好奇心和成长欲望。

为孩子留出足够的时间自由玩耍、静默和做白日梦很重要,确保他在努力学习和实现每天的小目标的过程中体验到乐趣同样重要。家务劳动是在日常生活中实现这种平衡的重要一环。

虽然有的孩子(或他们的父母)认为,准备饭菜、清洁整理或洗衣服等家务是苦差事,不适合小孩子,但也有父母认可这种方式。家务劳动是教育孩子对重要的事情负责,为家庭做出真正的贡献,取得实实在在的成果,并从这些活动中获得乐趣的最佳方式,也有助于培养孩子的自尊。此外,做家务为父母提供了一个增强家庭和谐氛围的机会,同时能教孩子一些管理生活的实用方法。

父母长期的大包大揽(从儿童早期开始,父母就自己做家务)会让孩子认为不做家务理所应当。对一个不做家务只会乐享其成的成年人来说,日常的生活琐事都可能让他无力应对而焦头烂额,更不用说事业和人际关系处理上的那些更大的挑战。一个人如果从小就开始做家务,那么成年后,他做事会更富有成效、更独立自主,且自信心更强。

父母不愿让孩子做家务的原因之一是父母自己做起来更容易。许多父母说,即使他们给孩子分配了家务,孩子也不做,或者做不好。

诚然，如果父母命令孩子"把你的房间打扫干净"，会让孩子无从下手，他们要么会抵制，要么会草草了事。对常做家务的大人而言，家务活儿很简单；但对一个孩子来说，却可能很复杂，需要父母花时间教，需要孩子花时间学。要让孩子独立完成这些家务则需要花费更长的时间，但久而久之也就成了习惯。

有些孩子其实蛮喜欢做家务，关键是父母要耐心提供循序渐进的指导，给孩子足够的学习时间。

学做家务的时长取决于家务的复杂程度。像打扫卧室这种相对大的任务可以分解成多个小任务：铺床；清理垃圾；收拾衣服、玩具；扫地或除尘。父母一次教一个小任务即可。

这样以鼓励和合作的方式有条理地拆分家务的方法，也适用于音乐、数学、体育以及其他方面。父母把这种系统的学习方法贯彻到如做家务等日常生活中去，孩子就会逐渐养成习惯，慢慢明白，一些重大或困难的任务也可以如此操作。之后，他们可以借鉴这些早期经验，变得更强大、更成功。

青春期早中期：了解危险性与可能性

从青春期早期到中期（11岁至18岁），生活的方方面面都会发生变化。这个阶段的孩子会出现诸多困惑，也经常产生一些担忧，如同辈压力、正直的内心需求、家庭要求、受欢迎度、独特身份、性取向、学术决策、职业抱负等，有些担忧有时甚至是自相矛盾的。

青春期的孩子面临挑战，他们的父母在许多方面同样如此。随着孩子进入青春期，父母要做的事也复杂了很多。父母不仅需要帮助孩子发展社会心理技能，如培养毅力、建立人际关系和责任感等，还需要帮助孩子提高智力，掌控更复杂的情感和社会技能，懂得对自己的决定负责，逐步走向独立。有时孩子寻求帮助时态度恶劣，也很少表达感激之情，这种情况可能持续好几年。难怪孩子进入了青春期早中期，很多父母会感到焦头烂额。

> "青春期的孩子变化迅速又出乎意料，
> 11到16岁的孩子会令父母苍老20岁。"
> ——佚名

大多数成年人都明白，生活中的变化会带来各种压力。无论是离职还是换新工作，结婚还是离婚，购买、租赁或出售房屋，治疗严重疾病或处理丧葬事宜，这些都会让他们感受到自己的脆弱。各类转变对成年人来说已极具挑战性，对青少年来说更是如此。青少年尚未对自己的身份有明确定位，也没有太多处理重大生活变化的经验。大多数青少年尚未获得应对变化所需的处理技巧和抗逆力，面对变化很难泰然处之。

青春期早期（11至14岁）是特别敏感期。这个阶段如同儿童早期一样对孩子的未来发展有很大影响。这一时期，大脑发生急剧变化，尤其是前额叶皮质（与行为监管和自我控制有关的区域），以及这一区域与其他区域的连接区域。这一时期也会剔除脑内未被使用的神经通路，甚至有可能会逆转在婴儿期和儿童期形成的大脑模式。

青春期早期可能会经历一系列变化，如搬到一个新社区，应对家庭结构变化，离开当地的中小学进入高中等。在此期间，如果他们没有获得足够的抗逆力、缺乏必要的指导和支持，即使是一些表面上"正常"的转变也会让他们备受煎熬。

下面这则故事是关于一些青少年所经历的困难转变。

> 对进阶班五年级到八年级的孩子而言，班级就像一个舒适的温室，有着利于提升学习和培养友情的完美氛围。而步入高中，就像把温室里的植物移植到炎热和干旱的环境中。突然之间，每个学生都变得孤立无援，只能单打独斗、孤身奋战。
>
> 这些孩子从全市各个学校选拔出来，统一组成独立开设的进阶班，但当他们完成初中学业返回自己原本的社区上高中时，却发现很难融入这一学生层次跨度更大的高中群体。进入五年级进阶班之前，这些孩子都跳过级，有的跳一级，有的甚至跳几级。因此，他们不仅是社区高中的陌生面孔，年龄也小于其他高中生，学习、思考或表达方式似乎也与其他高中同学不一样。这群十二三岁的青少年，或许在学习成绩上会遥遥领

第三章 促进孩子的能力发展

先,却很难融入更擅长社交的十四五岁的高中生群体。

在步入新环境前,如果有了解青春期早期特性的人帮他们做好准备,他们的经历可能会大不相同。过渡期的指导者(或是父母和老师,或是指导顾问和心理咨询师)可以组织上届进阶班的毕业生谈谈他们当初的转变经历:当时他们有哪些困惑?什么成了他们的"拦路虎",阻碍了他们的融入?在哪些问题上他们原本可以做得更好?可以由这些进阶班毕业生为新生提供咨询,帮助他们融入年龄比自己稍大的陌生高中群体。

过渡期的指导者还可以安排新生与其他项目或学校的学生进行交流,交流形式可以是系列辩论赛、社区志愿服务,或是科学博览会,可以留点时间边吃边聊。在这些活动中,进阶班的新生(尽管比其他人年纪小)能够遇到与自己能力水平相当的同学,可以一起讨论问题,增进自己的智慧。

如果能为进阶班的新生提供上述过渡性的支持,那么他们在步入高中后就不太可能遭遇破坏性打击,也不会觉得自己像从温室被直接扔进干旱田地里的植物。

青春期早期是满怀压力又极其脆弱的一段时期,不仅对孩子来说是如此,对大多数父母来说也是如此。父母对孩子的要求发生了变化,父母与孩子之间的亲密感逐渐丧失,有父母因此而感到难过。心理学家玛德琳·莱文建议:"当你为失去的东西感到悲伤时，想想你得到的：一个正在学习独立自主、恰当抉择、塑造身份、建立多种人际关系，并最终为世界发展做出自己独特贡献的孩子。"

青春期早期至中期是培养"抗逆力"的理想时期。与婴幼期和青春期早期一样，青春期后期（18岁及以上）是另一个过渡时期。那些没有多少失败体验的孩子可能会历经磨难，发展受阻。因此，11岁到18岁是父母给孩子提供缓冲支持的重要时机，帮助孩子学习应对未来可能出现的挑战。

如果一个青少年事事成功，对成功习以为常，那么当他遇到和他一样优秀甚至在某些方面比他更出色的人时，可能会偏离正确的发展轨迹。托尼便是这种情况：

> 年轻的托尼是位出色的小号手。他为了演奏而活，无时无刻不在练习，即使是在上下学的路上，也都在练习音阶，尤其对迈尔斯·戴维斯、切特·贝克、亚图·桑多瓦尔等几位小号演奏家的音乐百听不厌。托尼迅速成长为家乡同龄演奏者中的顶级小号手。14岁时，他成为市级高中管弦乐队中的第一小号手。当他拿着奖学金考入茱莉亚音乐学院时，大家都觉得顺理成章。
>
> 但托尼的故事就此发生了转折。杰出的小号手托尼，曲调抒情、音色优美（即便在茱莉亚音乐学院也不逊色），但他在茱

第三章　促进孩子的能力发展

莉亚音乐学院遇到了更有耐力、节奏感更好、曲调更清晰、视谱即奏实力更强的同学。此前,他从未遇到过与他能力相当的人,他一直是最出色的小号手。托尼从孩提时代起就依靠自己的音乐才能建立了身份认知。但在茱莉亚音乐学院,他深受打击、备感耻辱,精神几近崩溃,第二年就退学回了家。

无论一个人在某一领域多么出众,总会有人在某方面比他更出色。一个人与同龄人相比越是出类拔萃,就越可能在早期顺风顺水,直到其权威遭遇严峻挑战。而一个人越晚经历真正的挑战和挫折,就越难成功应对这些挫折。对于孩子来说,在学习过程中尽早经历挫折很重要,这样再次遇到挫折便不会严重削弱他的信心或破坏他正在形成的身份认知。托尼的遭遇就是因为他在青少年时期没有早经历挫折。

幸运的是,托尼最终发展得也不错。他在家里和家人待了两年,赚取了一些必要的收入帮助父母养家糊口。父母坚持让他回学校继续学习音乐,他们相信他的音乐才能,坚信只要坚持不懈,他就一定会成功。后来他被另一所实力雄厚的音乐学院录取,在那里他表现出色。毕业后,他便进入了顶级管弦乐队,开启了作为小号手的职业生涯。

托尼的经历说明,在帮助培养青少年应对挫折所需的抗逆力方面,父母发挥着重要作用。对于那些像托尼一样经历过挫折的孩子来说,父母应该坚定他们的信心,使其相信自己具备继续学习、成长和成功所需要的一切条件。

　　孩子尽早学会如何应对重大挑战可以降低出现问题的概率。以16岁的米歇尔为例，她学习唱歌多年，有录音室经验，演唱小样曾获得加拿大声乐奖。她还参加过独奏会、歌唱比赛以及社区剧院的演出。接下来，她将在美国职业棒球大联盟比赛开幕式上，在多伦多最大的体育场唱国歌。

　　米歇尔的父母帮她一起为体育场赛事前的演唱做准备，他们鼓励她先为较少观众演唱歌曲，然后再扩大观众群体，随时做好充分的准备，这样表演时就不会跑调或忘词。

　　父母帮助她了解试镜、排练和表演等需要与他人合作的环节。她的舒适区得以延伸，所以当她出现在巨型体育场的大屏幕和国家电视上时，面对庞大的观众，她已做好十足的准备。

　　尽管米歇尔承受了可能会失败而令人难堪的巨大风险，但国歌演唱得非常成功。她自己非常享受这次经历，家人也留下了美好的回忆，还用录音和视频记录了她的演唱。

　　在3万多"蓝鸟"队（Blue Jays）粉丝面前演唱国歌《啊，加拿大》（"O Canada"）的经历，让米歇尔深感自豪、兴奋。同时让她认识到设定高目标、努力奋斗和坚持不懈所带来的巨大力量。

　　借鉴卡罗尔·德韦克等人的研究成果，莫林·尼哈特推荐了一种她称为"成就的内在游戏"（inner game of achievement）理论，该理论以"SMART"（明智）目标设置为特色：明确（Specific）、可衡量（Measurable）、可达到（Attainable）、现实（Realistic）、及时（Timely）。演唱国歌的经历使米歇尔意识到，她有足够的支持以应对随之而来的任何挑战，同时她也意识到只要挑战具备了"SMART"的特点就值得做。不管未来怎样，她已经学会了将梦想变为现实的方法。

正是这种思维促使舞者练习旋转，发明家致力于发明创造，作家笔耕不辍，父母不断提高自己的育儿技巧。SMART目标设定原则意味着采取必要的步骤来激发抱负，拥抱成长型思维模式，并勇往直前——这是一个充满雄心壮志的方案，激励了许多人从小事做起，一直走到拥有权力和影响力的高位。父母如何应对自己生活中的失败和阻碍，如何回应孩子遇到的阻碍，都会对孩子产生巨大的影响。

时光荏苒，孩子长成了青少年，父母必须学会放手。青少年应该自己做决定，并且（对许多父母来说难以接受的是）即使有些决定不明智，也要承担不明智的决定所带来的后果。尽管大多数父母不愿去想这个问题，但孩子在完成作业问题上做出了一系列不明智的决定，从而导致课程不及格，也总比在以后的生活中遭遇职业生涯的滑铁卢要好得多。如果你想让孩子成年后做出正确的决定，明智的做法是让他们从童年时期就开始学习自己决策和承担后果，那么到青少年时期孩子的决策能力会进一步得到巩固提升。

青春期还会发生一些认知、社交和情感的综合变化，孩子也越来越独立。十一二岁时，孩子已经能较好地定义和追求自己的兴趣，但他们还需要弄清楚自己是谁（身份），以及如何规划自己的道路（自主性）。这种学习曲线贯穿整个青春期。减少条条框框的束缚，加上父母和其他人适当的（而不是控制型的）指导，会使青少年受益。简而言之，如果青少年想要掌控自己的生活，做出正确的决定，就需要犯错，并从中吸取教训。下面这个故事说明了这一点：

埃林喜欢独立思考，这使得她在高中时陷入困境，好几门课都不及格。有几年，她逃课的次数比上课的次数还要多。6年的高中生涯里，她先后换了5所不同的高中。

埃林的母亲（一位教育专家，给问题孩子的父母提供咨询）持续不懈地鼓励埃林重拾对学校的兴趣，帮她换了一个又一个学校，每次都希望新学校会比上一个更好。家庭学校、非传统学校、纪律严格的学校、治学严谨的学校等，凡是能想到的都试过了，但都没有任何效果，或者说有效的时间不长。埃林总是认为学校很无聊，她想出了很多有创意的方法来逃学。

直到埃林16岁时，事情才迎来转机。当时，母亲正又一次试图让她明白接受良好教育的重要性，埃林直视母亲说道："你要是不再那么在乎学校，我就会在乎。"

话虽难听，却正是埃林母亲需要听到的。她的确很受伤，但也意识到了自己太过看重女儿的成功。虽然并不容易，但她还是学着放下了对埃林的期待。她坚信，不管女儿能否完成高中学业，都会为自己创造一个美好的生活。

有独立思想的年轻人，往往在智力和社交/情感技能方面有过人之处，但他们并不总是按部就班。孩子对学校的价值有很多合理的质疑，例如，上课看上去无关紧要，作业可能太简单，规则可能太严苛。明智的父母不会过多插手，避免成为阻碍孩子发展的因素。

每个孩子的案例都是独一无二的，但令我们感兴趣的是，埃林最终取得了一个不那么容易拿到的大学学位，并获得了奖学金和很多奖项。在母亲学会尊重她的自主权，并开始相信她能自己解决问题之后，她谱写了自己的成功。

青春期后期至成年初期：接受高等教育

即使孩子快高中毕业了（甚至更晚），仍然需要父母的支持和指导，无论他是与父母同住还是独立生活。18岁到23岁（青春期后期至成年初期）应是接受高等教育的时间段，无论孩子正在上大学、找工作、创业，还是刚开始自己的职业生涯。

许多父母和咨询顾问都认为，上大学是通往事业成功的最佳途径，但这并不总是正确的。重要的是，父母要认识到，有多少个体就有多少条成功之路。父母对孩子的未来保持开放的心态，才能给孩子提供所需的指导和支持，帮助孩子度过这段充满挑战的岁月。

> "一招鲜，吃遍天。"
> ——中国谚语

一些高智商的年轻人甚至高中毕业前就迫不及待地想获得成功，他们无法忍受继续在别人设计、监督和评估的课程上花费时间。当然，确实有一些很成功的企业家并没有取得大学学位，如比尔·盖茨、史蒂夫·乔布斯和理查德·布兰森等。对于不想接受高等教育的年轻人来说，继续学习的途径还有很多，包括导师制、自主学习、上中等职业学校、去公司上班、旅行、社区服务和其他非学术活动。

那些计划上大学的人可能也想离开校园休息一段时间。在继续接受正规大学的教育之前，越来越多的高中毕业生决定休学一年或更长时间。父母们可能会对这种教育中断存有疑虑，想象着孩子每天睡到日上三竿，漫无目的地闲逛，甚至还有可能失去了追求成功的雄心壮志。然而，间隔年（gap year）可以为孩子提供赚取学费的工作机会，审视职业选择，获得自我认知，为日后做出明智抉择奠定基础。

第三章 促进孩子的能力发展

与其他类型的休假效果一样,许多同学间隔一年回到大学后,比休假前更精力充沛,学习动力更强。与从高中直接进入大学的同学相比,他们通常能更成熟地处理大一新生的社会压力。牛津大学、麦吉尔大学和麻省理工学院等著名学府会定期向休间隔年的学生发放延期录取资格证明。哈佛大学的招生主任威廉·菲茨西蒙斯谈到间隔年经历时说:"这是一段离校反思的时间,可以获得个人价值和目标的新见解,可以从与自己所习惯的压力和期望无关的环境中获取所需的生活经验。"

为了使间隔年(无论是在上大学之前还是在上大学期间)富有成效,父母可以鼓励孩子提前规划如何度过这段时期。例如,与谁联系安排处理事情?设置什么日程计划?事情进展不顺,有什么退路?能否度过一个很有意义的间隔年取决于是否提前规划并做好了准备。

导师制的学习方式可以让学生加深对兴趣领域的理解,为日后的学习课程做出理性决策,甚至有时还能提供就业岗位。导师可以帮孩子探索他的选择前景,更积极地参与某个学科领域,达成某个目标。导师还可以提供关于实用课程和相关资源的建议。无论是烹饪艺术、编剧、运动机能学,还是其他千余种领域,导师都可以很好地帮助孩子做出明智的决定(无论是在高中期间还是高中毕业之后)。

有的年轻人不止擅长一个领域,不确定该全身心投入哪个领域,该放弃哪个领域,或者把哪个领域放在次要位置。这种多重潜能虽然听起来像天底下所有父母都希望孩子能拥有的福气，却可能会让那些急于获得成功的人因左右为难而感到困惑和沮丧。在这种情况下，间隔年或导师制的经历非常宝贵。

父母可以指导孩子走出这种困局，建议孩子考虑自己的短期目标和长期目标，鼓励孩子向兴趣领域的专业人士请教。要使孩子坚信，只要投入时间、付出努力和灵活应变，他们最终会开辟出独特的成功之路。这可能意味着对兴趣领域进行创造性的整合；或者选择一种兴趣作为职业追求，另一种兴趣作为爱好；抑或暂时投入某一兴趣领域，日后再从事其他兴趣领域。

正如托尼在茱莉亚音乐学院的经历一样，能力出众的孩子进入大学后，自信心有时会遭遇严重的、破坏性的打击。他们发现自己面临着激烈的竞争，而且人生中第一次发现自己居然不是班上最优秀的学生。大学前的经历和大学期间遇到的挑战使有些孩子惊讶地发现自己无法像在高中时那样顺利地完成大学课程。

大学不同于高中。正如我们从进阶班新生的经历中看到的那样，向高等教育学校过渡的这一时期确实令人却步，甚至会给孩子带来伤害。对即将步入大学的学生而言，大学可能是他们第一次离家。尽管他们兴高采烈地只身前往，但是初到一个陌生环境也会令人生畏。与过去相比，大学也许拥有更少的隐私、更小的学习空间，也不像之前所习惯的那样平和宁静。当然，来自家庭和之前建立的社交网络的支持也会变少。无论在家乡还是到远方上大学，孤独都不可避免。

第三章 促进孩子的能力发展

对大一新生而言，参加精心策划的校园迎新活动不仅有助于顺利入学，还能为建立人际关系提供机会。参与校园活动和社区活动（比如小组、俱乐部、团队、组织）可以结识更多人，丰富大学生活，也可以听父母分享他们自己的或所认识的其他人的大学故事。大学的学习和个人成长有着无限可能，但大一的生活也存在一些众所周知的风险，如太多的深夜聚会，纵情享乐、无心学业的氛围所产生的心理压力，以及出现心理健康问题风险的增加。对这些潜在的风险，未雨绸缪是明智之举。

在孩子上大学前，鼓励他们对自己的学习、时间管理和组织能力进行微调并无坏处（如果他们能听从的话），但他们也应该对校园资源有所了解，以备不时之需。上大学前，如果他们还没能掌握基本的独立生存技能，那么父母应该提前教他们一些基本知识，包括如何选购食物、如何洗衣做饭、如何换床单、如何打扫浴室，还要鼓励他们熟悉当地的安保服务。

尽早开始规划大学生活是明智之举，父母可以提供帮助，但不能大包大揽地替孩子做选择。父母可以跟孩子一起去大学校园里散步，或者参加大学里举办的活动。旅行时，开车去附近的大学里逛逛，留意一下有前途的专业。可以鼓励孩子去索要大学的宣传册和课程目录，以便更好地了解感兴趣的课程或专业领域及其报考要求。如果孩子能不断更新档案里（在学校以及兴趣领域）自己所获的奖项以及推荐信的话，对录取仍然大有裨益，因为这些资料在向大学提交申请时都会派上用场。对于孩子来说，了解奖学金来源、开启储蓄计划、参加志愿者服务或组织各项活动，务必要趁早开始。通过这些活动，他们不仅可以为社区做出贡献、建立人际关系，同时可以与他人分享信息、谈论未来规划。

孩子离家时，父母面临的最大挑战往往出人意料——父母很难放下对孩子的牵挂。看着孩子长大成人闯荡世界的时候，父母的及时支持和鼓励以及学会放手（不要完全放手）都很重要。

虽然我们将本章分为几个阶段，分别强调了不同的活动和技能（婴幼儿时期玩耍的重要性，童年时期学习习惯的重要性，以及整个青春期抗逆力的重要性），但是这些活动和技能并不局限于某一年龄或某个阶段，而是贯穿于孩子发展的各个阶段。玩耍持续占据重要地位，抗逆力是取得一切成就的关键，成熟的应变技巧也是贯穿我们一生的重要技能。

第三章 促进孩子的能力发展

养育的秘诀

1. 孩子一旦发出声音或做出行动,父母可通过微笑的表情、亲昵的肢体语言、逗孩子发笑等方式做出回应。让孩子感受到温情和安全。
2. 营造语言丰富的家庭环境。要与婴幼儿交谈,要倾听和回应。要读书给孩子听。要让他参与到关于你或他活动的对话中去。
3. 从婴幼期到童年期结束,要给孩子提供多种刺激经历(见促进大脑发育的物品与活动清单)。
4. 充满热情,积极向上。鼓励孩子玩耍。
5. 确保孩子有足够的自由玩耍时间,无论是独立玩耍还是与他人一起玩耍。
6. 孩子萌发兴趣时要及时反应,为其提供所需指导,并根据需要提供越来越有挑战性的学习机会。
7. 让孩子在其年龄和成熟度允许的范围内积极参与决策。
8. 请记住,无论是做家务还是承担其他责任,日常生活为系统性学习提供了理想的机会。
9. 在家庭中创造一种健康平衡的生活方式,要有反思、智力刺激、锻炼、休息、玩耍和社交活动以及亲子相处的时间。

10. 继续保持成长型思维模式。
11. 为孩子的过渡期和逆境期提供支持、指导和安慰，并与之讨论后续可能出现的问题。
12. 回答青春期孩子关于学业和职业决策的问题时要深思熟虑。跟孩子一起讨论导师制、实习制、间隔年，并与兴趣领域的专业人士交谈。

  前三章我们探讨了父母如何促进孩子发展的问题，那么是否有方法了解孩子在某个特定时期会有多好的表现呢？有多种测试和评估方法声称可以测量孩子的发展，尤其是智力发育。但这些测试的评估结果也引发了许多的问题和担忧。父母如何理解这些众说纷纭的方法、争议和数字呢？下一章，我们将讨论这些问题。

第四章

正确评估孩子的智力发育

第四章　正确评估孩子的智力发育

> "不是所有重要的东西都可以测量，也不是所有可以测量的东西都很重要。"
> ——阿尔伯特·爱因斯坦

今天的人们都把阿尔伯特·爱因斯坦视为天才，但在那时的老师看来，他却是个问题学生。如果19世纪末慕尼黑有资优教育项目的话，阿尔伯特·爱因斯坦连接受测试的资格都不可能获得，更不用说成功入选。温斯顿·丘吉尔和巴勃罗·毕加索也是类似的情况，虽然这两个人后来都在自己的领域表现出了非凡的能力，但他们早期的学习成绩并不出色。

作为心理教育顾问，多娜对数百名学习上令老师和父母担忧的孩子进行了评估。评估过程使她了解到测试能够准确地测出孩子的哪些能力，哪些能力是根本无法测量的，以及父母、老师和孩子对测试和评估有什么疑惑。先后担任过任课老师、教育顾问和老师培训师的乔安妮从另一个角度思考测试过程，致力于帮助老师在将评估结果和建议应用于课堂实践时避免出现问题。

要培养聪明、快乐和高效的孩子，父母就需要了解测试和评估过程。本章先简要介绍了评估的基本原则，然后就合理的评估实践提出建议，并解答了父母的一些疑问，例如，"孩子应该何时接受测试？""根据测试结果及其解释说明，我们应当对孩子提什么要求？""我们应该怎么跟孩子解释测试分数？"虽然多数的评估策略非父母所能精通（也超出了父母的专业知识范围），但父母对测评基本要素有所了解，才能更好地支持孩子参与有效测评。而且懂得测评知识的父母更能确保孩子学习需求和教育机会之间的平衡。

测试的 4 个基本原则

在思考基本原则之前，我们先简要描述一下测试和评估之间的区别。测试（智商测试、数学测试、听力测试）只是评估的组成部分之一。评估是指使用各种方法——包括测试、列清单、问卷调查、访谈、观察和他人的报告等——对个人优劣势进行的全面研究。测试生成分数，评估则生成结果和建议。

父母应牢记的第一个基本原则是，智力和能力测试所能测量的远比人类的潜力有限。大脑只要不断受到刺激和挑战，就会不断发育，所以个人学习潜力的上限是无法定义也无法准确测量的。事实上，锻炼大脑很像锻炼肌肉。越来越多的证据表明，"用进废退"

第四章 正确评估孩子的智力发育

原则不仅适用于身体锻炼，也适用于认知功能的发展。而且，神经科学研究显示，大脑在需要时会以多种方式进行自我修复，那些典型的神经通路由于某种原因被阻断时，大脑通常可以找到其他的替代途径。

测试分数应视为儿童能力的临时指标，因为任何一个测试仅能衡量孩子某一时间在某一方面的能力。测试分数会随时间和环境而变化，这一原则不仅在阿尔伯特·爱因斯坦、丘吉尔和毕加索的人生经历中得到证实，更在我们所有人的生活中得到验证。即便是那些最初没有资格拥有高阶学习机会的孩子后来也可以展现出非凡的能力。

如果您的孩子获得了资优教育项目的培训资格，通常代表他有出色的思维能力和应试技能。但是，即便他未能入选，我们也不能妄下定论，认为他没有学习天赋，或者认为（如果他接近）他"就差那么一丁点的天赋"。相反，你可以说他只是没有达到学校所要求的天赋标准，即在特定时间内的某个或多个特定测试中，没能取得足够高的分数。可能现在或将来的某个时间，在一个或者多个领域，他会有更高的学习需求，但这些需求并没有在他所进行的测试中得到体现。正如阿尔伯特·爱因斯坦所说，孩子的成长过程中重要的东西往往没有得到测量，而得到测量的往往没那么重要。

第二个基本原则涉及能力领域。测试分数应尽可能地细化到学科领域。人们通常是在某些特定领域（例如数学、语言学）而并非所有领域展现出超常的能力。例如，评论某些人解决数学问题的能力非凡，要比单纯地将其归类为"有天赋"（或"没有天赋"）更合乎情理，因为后者隐含的意思是，他们在任何方面都极具天赋（或没有天赋）。

对孩子的学习需求做智力评估，有助于了解其擅长的学习领域及正遭遇的问题，也能反映出他领先或落后同龄人的程度，还能帮助老师确定哪些学科领域需要调整以确保孩子能够不断接受智力上的考验。

第三个基本原则，智力是不断发展的，而非简单归类为"有"或"无"。很多领域要么把孩子归类为"有天赋"的一类，要么归类为"没有天赋"的一类。这种分类会滋生各种问题，那些被归类为"没有天赋"的孩子所面临的问题更为明显。比如那些被含蓄地贴上"没有天赋"标签的孩子，不仅不能享有足够的学习挑战，还会产生自卑感；此类标签会削弱孩子的自信心，导致其学业上的脱节。

那些被归类为"有天赋"的孩子也会面临诸多问题。其中之一就是，没法准确判断孩子在其擅长的学科领域内优于他人的程度。比如罗伯特，他的数学能力远超班级里的其他学生。可是，参加一般的资优教育课程对他数学能力的提升几乎没有什么帮助。

对高阶学习需求的有效评估应包括个体在其擅长领域内领先同龄和同级孩子的程度、孩子需要特别关注的领域等相关信息。孩子的能力（比如身高、体重及其他能力）是在不断发展的，而非绝对的分类所能界定。

第四个基本原则，随着兴趣和经历的不断变化，孩子的智力

第四章　正确评估孩子的智力发育

特点和发展方向也会发生变化。评估实践却通常假定智力是恒定的。然而，研究人员对能力发展（伴随着动机、努力和持续适当的学习机会和挑战）的研究越深入，就越发确定智力随时间的发展而变化。

例如，8岁时与同龄人相比很有音乐造诣的孩子，12岁时可能会失去音乐热情，到16岁时可能在音乐方面平平无奇。同样，一个小学时对科学毫无兴趣的孩子，可能会因为中学时遇到一位出色的老师而热爱上这门学科，高中得到进一步的发展，成年后取得巨大成就。由此可见，童年时期是一个人的兴趣和能力最不稳定的时期。

我们将4个基本原则列成清单，供您在有评估问题时查阅：

1. 智力和能力测试所能测量的远比人类的潜力有限。
2. 测试分数应尽可能细化到学科领域。
3. 智力是不断发展的。
4. 随着兴趣和经历的变化，智力的特点和发展方向也会发生变化。

研究者们究竟在测试什么

对教育的衡量和评估始终充满了争议和误解，并混杂着棘手的政治因素。人们的关注点包括：测试的最佳年龄、评估不同类型的能力和问题所适用的标准、是否需要重测及其重测频率、不同区域政策和实际操作的差异、评分模式上的种族差异和社会经济差异等。

> "首先提出两个指导性问题，测评才有意义：
> '如果不对孩子进行测试，可能会发生什么？'
> '如果进行测试，如何使用测试得到的信息？'"
> ——多娜·马修斯和乔安妮·福斯特

对老师和父母而言，牢记下面这句话就可以消除关于评估的困惑——评估的目的是（或应该是）推动孩子的学习。评估的实用之处是为老师的规划和教学提供参考。孩子对老师教学的反应（也称为"学习"）能为下一轮的评估提供依据。最理想的评估实践应充分考虑我们在本章和其他章节讨论的基本原则：神经可塑性、特定领域、进步程度、发展影响和社会环境。

如果父母和教育工作者关注满足孩子不断发展和变化的学习需求和兴趣，就可以避免许多测试和评估中的担忧。整体而言，最好避免给孩子贴标签（"天才""学习障碍"等），而应该专注于为孩子提供智力挑战。鉴于此，如果父母担心孩子（如孩子哪些方面有天赋或者与同龄人相比存在的问题和差距等），可以向老师询问一些实际问题，比如，"孩子学得怎么样？""优缺点表现在哪些方面？""怎样使孩子在学习中感受到挑战和支持？""父母能帮什么忙？"

第四章 正确评估孩子的智力发育

回答这些问题通常需要先评估（无论是正式的还是非正式的）孩子在每个学科领域已有的知识储备。将智商测试作为评估的组成部分才有意义。市面上有五花八门的"智商测试"，并提供 IQ（智商）分数。有些结果的确极具参考价值，有些却存在一定的问题，并不能有效评估孩子的认知能力。例如，某地一家报社刊登了一则整版广告，标题为"提升你的脑力！"，旨在为一本名为《智商测试：提高思维能力的 25 个自测题》(*The Book of IQ Tests: 25 Self-Scoring Quizzes to Sharpen Your Mind*) 的书做宣传。这本书售价为 6.95 美元，出题刁钻，并声称能够"证明"人们的智力水平。虽然书中可能有某种很好的智力挑战（我们不知道是否有），但其测试结果有待商榷，也不适用于专业评估。

当然，并不是所有的评估方式都不靠谱。那些由受过特殊训练的心理学家亲自操刀的智商测试（能赋予 IQ 真正意义的能力指数）最有效和可靠。孩子参加此类测试，需要与经验丰富的心理学家单独相处（至少 1 个小时，通常大约 2 个小时），其间心理学家会留意孩子的优势，也会发现其问题。对于智力非凡、好奇心强的孩子来说，参加这样的测试会很有趣，因为它们包括一系列新颖的谜题和测验，这些谜题和测验可以评估词汇量、不同类型的推理和短期记忆等能力。

人们往往用智商测试的分数一劳永逸地定义孩子的整体智力水平。但这种认识会干扰父母和老师对孩子真正学习需求的了解。智商测试分数高表明该孩子需要接受资优教育，但是，智商测试分数是多个领域能力的综合检测分数，并不能帮助老师了解应该以何种方式、何种程度以及在哪些方面区分孩子的教育。而就学校而言，这些是最相关的考虑因素。

一般来说，将使情况复杂化的相关因素全部考虑在内时，智商测试才有意义。例如，下文介绍的其他测试都纳入了妨碍表现良好的学习问题——这些测试可以更有针对性地了解孩子的需求，以保持其最佳的学习状态。也就是说，当智商测试服务于其最初目的，即了解孩子的学习问题时，智商测试才有意义。

测量方法

本书中介绍了罗伯特、罗宾、米歇尔等人的例子。对比他们在生活、学习经历、能力和兴趣方面的差异，你会发现测量和培养孩子智力的方法不计其数。最佳的评估实践是从学习的机会出发，无论是家中的、学校的还是其他地方的机会，重要的是孩子是否正在学习，也就是说，孩子是否正在接受智力上的挑战。

> "学校所重视的能力和表现并非只能通过策略进行识别，还可以通过丰富、富有挑战性的学习体验来进行培养。"
> ——巴里·海默、杰克·怀特黑德和玛丽·赫克斯特布尔

第四章　正确评估孩子的智力发育

可靠的评估方法包括4个信息来源（学业成绩、数学推理能力、兴趣爱好和坚持不懈的精神），适用于所有的学科领域。组合4个信息来源能最简单直接地服务于以满足孩子学习需求为目标的教学。当然还有许多不同的测试和评估方法也可以提供此类信息。在《聪明的资优教育》（*Being Smart about Gifted Education*）一书中，我们探讨了评估儿童高阶学习需求所需的人员、内容、地点、时间、原因和方式。

测试智力本就问题重重，而测试创造力的情况更甚。下文的叙述很好地阐述了测试创造力过程中的一些问题：

> 我是一名职业艺术家和音乐家，自认为很有创造力。然而，我的小学和高中老师对此可能持不同看法，因为我很少在学校展示自己的创造力。我注重保护隐私，将自己的艺术作品视为私人物品，只给我信任的人看……我认为外向的学生更容易展示其创造力，而内向的学生可能永远不会在任何正式评估中展示他们的创造力。有的学生因为某些原因不想向他人展示其创造力，但这并不代表他没有创造力。一些最具创造力的学生往往无法或不愿意以老师要求的形式展示他们的创造力。——亚历克西斯

亚历克西斯的故事表明，当评估与真实的教学环境脱节，或者不能反映学生的兴趣时，就会出现一些问题。我们在第二章中探

讨了父母如何才能促进孩子创造力的发展，本章我们想强调的是，创造力测试的分数并不能准确反映创造力水平，不具备任何参考意义。

不同种族和社会阶层的学习差距是测试和评估中的另一大问题，学业水平越突出，差距越大。例如，在美国，非裔美国学生参加资优课程的可能性约为白人学生的一半。同样，在加拿大，原住民以及如梅蒂斯人和因纽特人等有土著血统的学生中，被认定为资优学习者的可能性约为其他人种学生的一半。人们对各种资优培训项目中不同群体的代表性不足的问题已经进行了详尽的调查，也有了一些重要的发现和建议。

过去人们提出的解决方案是更改入学要求，以增加资优教育培训项目中少数民族、农村和社会经济地位低下群体的学生数量，但是最近，许多同事一直建议加大对不同种群孩子学习的支持力度，从学前班甚至更早就开始，以此解决不同种群的学习差距问题。从这个角度看，在资优教育实践中，少数族裔的代表性不足问题并不是种族主义的反映，而是不同种群间经济和文化发展差距悬殊的表现。

纽约市最近启动了一项试点计划，该计划反映了对弱势（生活条件差的）婴幼儿进行早期教育（从6个月大开始）的重要性。正如桑德拉·阿莫特和山姆·王在《纽约邮报》中所写的那样：

第四章　正确评估孩子的智力发育

婴幼儿期是帮助弱势孩子的最有效时机，因为早期经历对认知和情感的发展至关重要。大脑发育是分阶段发生的，如果一个孩子在大脑发育早期就落后于同龄人太多，后期想要赶上就很难。因此，对于许多弱势儿童来说，等到上学时，他们与其他族裔孩子间的学习差距就已大到难以弥补。他们可能会进入失败的恶性循环，从而对学习的兴趣减退，进一步减少他们取得学业进步的机会。

除了通过婴幼儿期教育减少学习差距之外，还有一些评估方法有助于减少社会经济和种族带来的差异。其中一个具有包容性的方法就是使用多种信息源，这对于来自少数族裔和弱势背景的儿童尤为重要。因为智商测试和其他标准化考试往往不是他们的强项，他们需要更多的挑战项目和学习机会。

如果要使用多种测量方法来鉴定代表性不足的群体中孩子的资优情况，还需考虑3个重要条件：一致性、包容性和协作性。

评估措施应与现行的教育实践保持一致。例如，测试孩子的数学推理能力时，那些表现突出的孩子应该得到适当的学习高级别数学的机会。反之，涉及更具挑战性的数学培训计划时，最好的评估方式是测试数学能力，而不是测试一般知识或智力。

用智商衡量孩子能力的问题在于与学校教育实践（即每日课堂实际情况）缺乏一致性。这听起来似乎不言而喻，却常在教育实践中被忽视，值得注意。

巧妙运用多种测量方法的第二个重要条件是，各种测量方法的运用要注重包容性，而非排他性。例如，在我们工作过的一个区域，孩子要想获得参加强化课程的资格，必须在学术推理测试中超过规定的分数，同时须在老师的检查表上达到一定的分数和优异的成绩。这就导致了一种情况，即一些天赋异禀的学生（那些因为学习任务过于简单无聊而不认真学习的学生）无法入选该项目。虽然他们的学术推理能力百里挑一，但是，老师认为他们不够勤快、积极性不足，或者表现不够好，以致他们错过了所需要的学习项目。多种测量方法中的每一种都应提供另一种可行途径，将需要差异化课程的孩子纳入其中，而非将其排除在外。

巧妙运用多种测量方法的第三个重要条件是，来自不同背景的父母和老师之间的相互协作，特别是想要提高少数群体的成绩时。不同阶层的人聚在一起时，会从不同的视角讨论优先事项、关注点和不同观点，每个人都有机会学习，也为所有有需要的孩子提供更广泛的教育资源。

解开谜团：精通而已

关于智力仍有很多问题有待探讨。父母有时想弄清楚该用何种方式引导和培养智商超群的孩子；老师也不知道能否教好一群智商高于自己的学生；孩子也会向我们发问，极其聪明到底意味着什么。父母担心当孩子表现得智商明显超过常人时，随之而来的各种表扬、怀疑或期望会对孩子有不好的影响。因此，父母不确定是否应尽量避免让孩子在同龄人面前展现超常的能力。

要解决这样的困扰，我们有必要先了解什么是高等智力能力。

> "在老师和父亲眼中，我再普通不过，甚至达不到平均智力水平。"
> ——查尔斯·达尔文

对认知的发展了解得越多，就越能发现智力发展是一个持续的过程，很大程度上取决于个人的性情和意志。智力构建既涉及遗传因素，又与孩子时刻接触的外部环境息息相关，这些外部环境构成了孩子的生活经历和外界体验。所有的学习者都积极参与开发自己的智力。智力的发展过程通常要比想象的更复杂，但远没有想象中那么神秘。

> "我在体形和速度方面并没有与生俱来的天赋。我在冰球运动中取得的一切成就都是我努力的结果。"
> ——韦恩·格雷茨基

"天赋"这个词比"智力"承载了更多的文化内涵，也隐含了更多的问题。即便是那些成就斐然的大家，如达尔文、格雷茨基和阿尔伯特·爱因斯坦等，也不敢自称有天赋，难怪很多人都认为真正有天赋的人寥寥无几，并宣称自己属于"没有天赋"的类别。许多成年人认为天赋难以捉摸、高高在上，自己根本无法企及，哪怕自己的孩子通过正式测评后被认定为极具天赋，或者自己在工作中取得了优异的成绩，抑或自己教出了"天赋禀异"的学生，还是会持此观点。他们将"天赋"视为神秘的"异类"，有点可怕或怪异，有时近乎神圣。

要纠正这种误解，方法之一就是我们接下来要讨论的对天赋理解的模式转变，也就是从"神秘模式"到"精通模式"的转变。"神秘模式"认为，极少数孩子的超群智力是先天的、永久的、神秘的，这一观点与我们当前对大脑及其发展的研究结果背道而驰。而"精通模式"则侧重于教育对学习者的意义，即对那些在一个或多个领域能力远超同龄人的学习者的实际意义。这一模式基于对能力发展方式的观察，即孩子的能力会随时间推移和适当学习机会的增多而不断发展。

> "我既非绝顶聪明，也非极具天赋。我只是满怀好奇。"
> ——阿尔伯特·爱因斯坦

达尔文、格雷茨基和阿尔伯特·爱因斯坦的观点与"精通模式"思维一致。这些成就斐然的大家认为，他们的成就并非源于神秘的智力馈赠，而是来自多年的努力奋斗、孜孜不倦的激情投入、源源不断的坚定支持和充足的学习机会。

以往人们大多认为智力是固定不变、与生俱来的，但现在越来越多的人开始转变观点，认为智力是个体与不同的理念、环境、人物和事物相互作用的发展过程。对大脑及其发展的了解越多，人们就越发认识到，智力是后天形成的，而非与生俱来的。

父母经常会想："我的孩子有天赋吗？"但更注重行动的（更好的）问法应该是："与同龄的其他孩子相比，我的孩子是否具有更强的进阶能力？"这个问题可以与"他是否有需要特别关注的领域？"结合一起问，紧接着追问"作为父母我能给孩子什么帮助？"。

这些问题的焦点都与能力发展相关。事实上，"天赋"一词只有用于指明某一特定时间点的特殊学习需求时才有意义。这种方法的优势体现在实际应用中，例如将识别高阶学习的需求与适当的培训课程结合起来，而不是探究天赋的神秘来源。这一认知为父母和老师就孩子是否有天赋以及如何应对等问题打开了无限可能，即扩展孩子学习能力的机会比比皆是，无论是在课内还是课外。

给孩子贴标签的潜在弊端

虽然有些孩子被贴了标签也表现得很好，但也有孩子会因为这些标签分类而迷失，忘记自己的真正需求。

> "我和学生都不应用别人给我们贴的标签作借口去解释任何事情；我们一起学习合作的最佳方式。"
>
> ——格里

每个孩子都有许多不同需求，如社交需求、情感需求、身体需求和智力需求等，一旦被贴上标签进行分类（例如，"有天赋""学习障碍""注意缺陷障碍/多动障碍"），一些需求就容易被完全忽略。贴标签的唯一好处（这并非微不足道）是有时会给孩子带来有益的改变和适应。

标签可能会误导人们过度关注某个特定分类中个体间的相似之处，而对差异视而不见。正如斯科特·巴里·考夫曼所写的那样：

> 当我们按照此种二分法（比如，有天赋/没有天赋，或胖/瘦）将人分类时，每一类别内个体间的巨大差异都被最小化，而类别之间的差异却被夸大了。事实是，每个人都有自己独特的特点和生活经历。

由于标签可以掩盖孩子学习中的优势和问题，所以父母可能并没有意识到那些被贴上"学习障碍"或"注意缺陷障碍/多动障碍"标签的孩子可能也有学习上的优势；但这些优势被忽视了，从而导致这些孩子厌学甚至辍学。同样，那些被贴上"有天赋"标签的孩子可能在学习或情感上也有需要注意的问题，但这些问题也都被标签掩盖住了。

> "告诉孩子他们很聪明，然而最终会让他们觉得自己很笨，行为也很蠢，却还要继续声称自己聪明。我认为，这并不是我们给人贴积极标签——'有天赋''有才华''天资聪颖'的目的所在。"
>
> ——卡罗尔·德韦克

清单：贴天赋标签的弊端

以下是给孩子贴上"智力超群"或"天赋异禀"标签后常出现的 12 个相关问题：

1. 冒名顶替综合征

有些孩子（如第一章中介绍的亚历山大）担心他们真的没有别人想象的那么聪明，又害怕自己会被"发现"，因此在智力挑战中，会竭力避免风险，以求安全。

2. 自我怀疑

当遇到一群同样天赋异禀的陌生同龄人时，一些孩子会担心自己不再是班上的尖子生。在能力出众的孩子面前，他们会失去自信。

3. 不准确性

用贴标签给孩子分类的过程并不准确可靠。如果根据标签来进行教育决策，会忽视孩子的课程需求，会错误地指派、分配孩子到根本不能满足他们学习需要的课程中。

4. 期望

那些被贴上"智力超群"和"天赋异禀"标签的孩子可能要经受来自自己、父母、亲戚或老师的不切实际的期望。

5. 自满

当孩子认为"天赋"标签像文身一样永恒不变时，就会产生自满，并且会认为自己聪慧过人，所以不必努力工作。

6. 心胸狭窄

许多被贴上标签的孩子遭受过他人的偏见和误解，而贴着"有天赋"标签的孩子也可能会偏狭地对待其他孩子。

7. 精英主义

有些家庭并不喜欢所谓的精英主义经历，以及天才标签或具有排他性的资优教育；有的家庭则会出于对精英主义的向往去寻求天才标签，这对孩子来说可能会更糟。

8. 离开朋友和邻里

为获得与其能力匹配的教育项目，孩子需要更换学校并与朋友分别，这会带来相应的问题。

9. 嫉妒和排斥

有些孩子发现，昔日的朋友以及其他没有获得类似标签的人会给予他负面评价。

10. 掩盖能力

标签掩盖了孩子的个人优势和劣势，并可能导致教育资源匹配的失衡。例如，像罗伯特这样极具数学天赋的学生，如果被安排在一般的班级里，他突出的数学能力可能会受到忽视而不能得到充分发展。而且，如果孩子在某些学科领域有欠缺，他的问题也可能得不到解决，要是他学会了隐藏这些问题，情况则会变严重。

11. 傲慢自大

傲慢自大可以用来掩盖孩子的不安全感和自我怀疑，应视为警告信号，也意味着孩子秉持的是一种固定型思维模式。

12. 不确定性

因为人们对标签的认知不同，所以任何类型的标签都可能引起困惑。（"时尚""高大"或"舒适"对每个人来说意思都一样吗？）

虽然标签会给孩子带来诸多问题，但也并非一无是处。对那些自认为不同于他人的孩子而言，承认其与众不同，能使其感受到认可，也有助于理解自身的不同之处。小学校长南希·施泰因豪尔说过："我认为，如果解释得当，标签有时真的可以帮助孩子识别自身优势和需求，找到自己与同龄人不同的原因。"

对罗宾来说便是如此。她两岁就学会了阅读，也一直热衷于钻研复杂的思想，"天赋异禀"的标签就像是一张进入更符合她兴趣和能力的教育规划项目的门票。因为这个标签使她明白了自己是优秀的学习者，也帮她理解了为什么有些学术活动对大多数同学有吸引力，她却缺乏热情。

明智的父母会谨慎且有选择性地使用或允许使用标签。有些孩子需要一个特定的名称来做出最合适的学习选择，在这种情况下，标签的好处可能大于弊端。对父母而言，重要的是让孩子明白，随着年龄增长，他们将开发出各种不同程度、不同类型的智力，他们的性格优势和洞察力也会得到发展，这些是任何智商测试都无法衡量的，也是任何标签都无法定义的。

评估实践越接近教学和学习过程，就越能提供有关孩子学习需求的有用信息。在此基础上，老师需要各种资源，以便密切监测每个孩子能做什么和不能做什么，全面而慎重地评估孩子的能力。这取决于老师能否方便地使用不同种类的评估工具。我们可以从孩子不同学科的成绩记录中收集信息，比如：（1）学校成绩及其他报告；（2）特定领域的推理能力和资质能力的测试得分；（3）有关兴趣、毅力和动机的信息。父母与老师一同协作，持续关注这3个信息来源，学习效果最好。

> "标签可用于文件归档，可用于衣服标价，但却不能用于人的分类。"
> ——马丁娜·纳夫拉蒂洛娃

第四章 正确评估孩子的智力发育

评估的目标不应该是给孩子贴标签，而应是认真做出理性决策，满足孩子不断变化的学习需求。只有以这种方式理解评估，父母才会成为孩子情况的全面知情者，在与孩子多方面的协作过程中，重新发现孩子茁壮成长所需要的东西。

养育的秘诀

1. 测试有4个基本原则：(1) 测试表明，智力和能力测试所能测试的远比人的潜力有限；(2) 多数孩子在不同的学科领域发展不均衡，测试分数应尽可能地细化到学科领域；(3) 智力是不断发展的；(4) 兴趣和经历会随时间变化，从而改变智力建构的特点和发展方向。

2. 最值得父母询问的评估问题："孩子学得怎样？""优缺点表现在哪些方面？""怎样使孩子在学习中感受到挑战和支持？""父母能帮什么忙？"

3. 回答这些问题旨在评估孩子在每个学科领域的已知、需知和想知道的内容。

4. 将智商测试用于理解学习上的问题，认真向父母解释测试结果，智商测试才有意义。

5. 最佳评估实践源于课堂教学。老师将评估作为诊断方法，根据学生的理解调整指导日常教学。

6. 创造力难以衡量。创造力测试分数不精确，作用也微乎其微。

7. 应采用多种测量方法鉴别孩子的高等智力能力，尤其是对少数族裔群体来说。评估措施应与现有教育实践保持一致，尽可能做到兼容并包。

第四章 正确评估孩子的智力发育

8. 天赋是在特定环境下、特定时间点内、在特定领域的高等智力能力。
9. 父母应认真考虑，避免孩子因某个评估结果而被贴上某类标签。也许标签能肯定孩子的能力，成为孩子进入特殊课程的门票，但弊端亦不可忽视。
10. 评估的目标不是给孩子贴标签，而是给父母提供信息，以便做出细致合理的决策，满足孩子不断变化的学习需求。

探讨完测评方式、了解了孩子的学习需求之后，是时候考虑父母该如何支持孩子在学校的能力发展了，这也是第五章将展开的话题。

第五章

支持孩子在学校的能力发展

第五章　支持孩子在学校的能力发展

> "教育不是为生活做准备，教育就是生活本身。"
> ——约翰·杜威

父母对孩子的学校教育负有何种责任？他们可以向老师提出什么样的合理请求？以何种方式提出？父母对孩子的教育该有多大的自信？父母拥有什么权利？本章将探讨上述问题，还将以老师的视角描述课堂生活，为想积极支持孩子的学校教育的父母提供策略和指导。

虽然父母在参与孩子的学校教育问题上有时会举棋不定，但结果证明，所有的付出都是值得的。父母的参与会对孩子的学习成果产生重大影响，这适用于所有父母，尤其那些来自不同文化和社会背景的父母更是如此。

伊丽莎白·加勒特·安德森学校（EGAS）位于英国伦敦，该校众多学生的家庭生活都面临着严峻挑战。这些学生来自不同的种族，拥有不同的语言背景和宗教背景。但安德森学校的校园文化就是支持不同能力的学习者高水平发展，其做法之一是将父母作为孩子学习的重要伙伴。安德森学校已有力地证实了自己的能力。因此，美国前第一夫人米歇尔·奥巴马选择在这里进行全球广播演讲，向学生和老师讲述勤奋刻苦、接受教育和取得成就的重要性。

米歇尔·奥巴马访问后不久，我们向安德森学校的校长乔·迪布询问了此次活动对该校的影响。她回答："虽然我们学校的学生劣势明显，但她们依然努力取得了如此多的成就。她（米歇尔·奥巴马）的演讲字斟句酌，气势十足。她的话也确实反映了我们学校所倡导的理念和精神，对全体学生和教职员工都产生了巨大的影响……他们都觉得自己所从事的事情意义非凡，自己是其中的一分子。"

此后，我们与英国、加拿大和美国许多学校的校长进行了深入的交流，探讨了有关智力培养和高学术成就领域等问题。在交流中我们发现校长们有3点共识。首先，他们都认为刻苦学习是取得成就的基础。其次，他们都观察到，那些备受尊敬的成年人（包括父母）所给予的明确、强烈的鼓励可以成为孩子更加努力学习、取得更多成就的强大动力。最后，他们说，教育从业者和父母必须有耐心，因为孩子变化缓慢，需要时间。在校长们的谈话中，有一个贯穿始终的理念是，学校对刻苦学习、积极鼓励和耐心培养的支持需要良好的沟通，这些都会推动个人向更高的标准迈进。

如果父母在家秉持这种态度、创造这种学习氛围，会极大地促进孩子学业上的成功，也会有力地促进学校教育的成功。这也是米歇尔·奥巴马在强调态度、支持性环境和有意识的努力对她自身成就和生活经历的重要性时所谈及的内容。

老师的视角

老师必须做出一些艰难的选择。老师的工作有诸多父母意识不到的限制因素，其中包括：数不尽的文书工作（如果不能准确及时地完成，通常会产生相应的法律、财务或职业后果）；教学资源匮乏；主管部门突如其来的要求；老师自己过往的经验限制。除此之外，老师工作中的限制因素还包括：不断变化的课程；学生当前学业水平与规定的年级课程设置之间的无限差异；日益增加的标准化考试的要求，让学生保持高分的压力；学校的教育策略。当然还有，教学日程安排中极具破坏性的中断和变化，以及学生和父母不断提出的对老师教学的建议和要求。老师要面对如此多的限制，所以当父母对孩子的教育提出特殊要求时，他们并不总是张开双臂欢迎，又有什么可奇怪的呢？

尽管老师们面对如此多的限制和要求，还要尽职尽责地不断应对教学中变化的优先事项，但这并不能免除他们最重要也是最基本的责任，即尽可能为每个孩子提供最好的教育。也并不意味着父母可以对孩子的教育问题不加关注、不闻不问。哲学家伯特兰·罗素观察到，"教育已经成为智力发展和思想自由的主要障碍之一"，尽管情况的确常常如此，但并不意味着教育一定会限制孩子的发展。父母与学校通力合作，对孩子的教育乃至整个学校的教育产生重大影响的例子屡见不鲜。

有时我们需要在态度和问题的理解上做一些小小的调整。例如，那个喜欢钻研问题的小女孩保拉，上小学时被选入了资优班。随后，仅仅因为她的阅读能力比同班同学要差一点，她便开始认为自己不够聪明。

> "人们总期望老师哪怕工具不充足也能达成无法实现的目标。但有时，这不可能完成的任务竟能奇迹般实现。"
> ——哈伊姆·G. 吉诺特

保拉的父母非常担心，保拉对课堂活动提不起兴致，不愿意去上学。难道她没有班上其他孩子优秀？或许她的智力评估出错了？或许这个班级不适合她？

保拉的父母记得，就在几个月前女儿对学习还热情满满。也知道，女儿在空间推理方面依然能力非凡，也在诸多与学校无关的事情上继续发挥着出色的解决问题的能力。他们想知道，女儿是否应该离开资优班，接受一般的课程教育是否会让她感到无聊。

第五章 支持孩子在学校的能力发展

保拉和她父母都认为聪明意味着学什么都快，这是固定型思维模式的认知，这时就需要帮他们转变为成长型思维模式，用更开阔的眼光看待智力问题。

保拉的老师善良、聪明、专业（就像我们见过的大多数老师一样），兢兢业业，确保每个学生都能茁壮成长。她对新理念持开放心态，积极学习如思维模式和多元智能等新见解，还热衷于与她二年级的学生一起尝试这些方法，也会告知学生自己所尝试的事情以及这样做的原因。我们给她提供了一些教学资源，同样的资料也给了保拉的父母一份，方便他们在家使用。

没过几周，情况便开始好转，保拉想明白了很多事情。她认识到尽管自己有几处强项，但是阅读（到目前为止）却并不在内。她相信，如果她真的想提高阅读能力，并愿意为之付出努力，就一定能做到。很快，保拉又重新燃起了对学校的热情。一天的功课结束之后，她不再垂头丧气，而是蹦蹦跳跳地回家，兴高采烈地告诉父母学校发生的事情。

这个故事的结局之所以完美，影响因素有很多。首要因素是，父母机敏且及时地发现了需要解决的问题。其次，他们坚持不懈地去弄清楚女儿身上的问题，同时秉持着足够开放的心态质疑自己的态度和理念。

保拉的问题之所以能相对容易地得到解决，也存在很多侥幸因素，其中包括她的老师乐于尝试专业的能力发展建议，而且还获得了主管部门的支持，允许她对课程进行调整。例如，她将多元智能理念融入学生的阅读活动中，这在一定程度上偏离了常规的教学课程。此外，校长还请她为学校挑选一些新的教学资源，她在学校的图书馆里对这些教学资源进行了展示，鼓励所有人（包括父母在内）分享这些信息。

一旦明确了保拉的问题，就能有效结合各种场景将其解决。当然，并非所有的问题都能如此迅速或轻易地得到解决，但只要父母有足够的耐心、坚持不懈（如果他们能保持幽默感和尊重的态度），孩子身上出现的与学校相关的问题基本都能得到改善。通常，父母与老师通力合作就能达成这一点，无须耗资聘请外部顾问。正如保拉的故事所阐明的，开诚布公的对话以及合适的教学材料都大有助益，它们会鼓励人们对诸多问题进行深入思考，鼓励人们以富有成效的方式在正确的时间提出正确的问题。

父母与老师见面，就自己关注的问题咨询老师意见是一个良好的开端。父母能注意到孩子的问题，有时会令老师如释重负，很乐意与父母并肩协作一起解决问题。但有些时候，孩子在某个或者某几个科目上的表现已经远低于预期，或者已经出现了行为问题，老师才能意识到孩子的问题。有时，父母担心孩子不能像他们所期望的那样热情高涨、学得又快又好，而老师对于这些担忧并没有给出及时的关注和反馈。在孩子的能力发展方面，父母通常是最先意识到需要做出改变的人。

第五章 支持孩子在学校的能力发展

孩子的健康出现问题时，虽然放慢学习步伐不太容易，但比起过激地一味推进，精心计划、合理安排才更有可能取得真正的进步。生活中许多方面皆是如此，学校教育也不例外。

早期解决教育问题最好从任课老师开始。没有外部顾问的参与，情况往往会更好。因为学校老师与其他专业人士一样，更愿意在请外部"专家"之前有机会自己解决问题。同理，如果校长、主管和其他高级管理人员只在需要的时候或是解决问题的后期参与进来，结果也会更好。虽然在保拉的案例中，早早地请了我们做顾问与学校协作解决，但多数情况下，父母和老师携手合作亲自探讨解决问题最有益。虽然这种方法不够正式，却能产生最简单、最快速的结果，只不过并非总能奏效。

父母最开始约老师见面时，要热情、友好且态度积极，向老师传达想轻松合作的愿望。父母可以通过电子邮件或电话向老师提出请求，比如说："你好，戈梅西先生，我是乔西·阿尔瓦雷斯的母亲，我对她现在的状况有些担心。我知道您很忙，但咱们这几天能见一面吗？"

也有些父母会怒气冲冲地走进孩子的学校，厉声要求校方就他们认为该做的改变立马采取行动。

丹尼尔的母亲吉泽尔对儿子学校的问题很是担心。在她看来，问题一直在恶化。老师不布置家庭作业，不批阅考试试卷，师生间缺乏沟通，学生成绩不理想。她曾静观过一段时间，希望情况有所好转。就在一个月前，她曾跟老师电话沟通，老师当时承诺会解决问题，之后却没有丝毫好转。起码在吉泽尔看来是这样，而且她也没有得到任何联络和反馈。因此，她勃然大怒，决定向校长投诉，这样一来，老师就不得不关注了。

大多数父母对待孩子的教育问题会比对待生活其他方面更加情绪化（也不那么理性）。他们可能不会因未经证实的猜想而怒气冲冲地去找医生或雇主，有时却会因为沮丧无助而愤怒地去找老师。有些父母把孩子的老师当成自己的雇员，认为自己有权就如何最好地教育孩子给出指导意见。但如果真心希望老师为孩子做出一些改变，这些父母必须格外礼貌。不管怎样，老师得乐意做出那些改变才行。

虽然有时父母的焦虑、愤怒、不耐烦、沮丧和其他负面情绪是有理由的，但如果放纵自己向老师发泄这些情绪，老师的反馈可能不尽如人意。以礼貌、尊重、合作的方式开始谈话才是明智之举。无论何种沟通，在谈话中赞赏对方，控制不耐烦的情绪，为对话设定积极合作的基调，取得成功的可能性就会大大增加。

那些把老师当作专业人士，用提问的方式表达他们的担忧和意见的父母，比那些带着建议、指示或指责来找老师的父母，往往更能取得进展（效果又快又好）。例如，"您有没有注意到布雷特最近看起来很悲伤或对什么事都不感兴趣？"这一问题要比宣称"布雷

第五章 支持孩子在学校的能力发展

特很聪明,但对你的教学感到厌烦,你得在他身上多下点功夫"或者指责"我不知道你在学校都干了什么,但我儿子以前要比现在快乐得多"更有效果。

我们询问过教育工作者,父母该如何帮助老师更好地培养孩子的智力、满足孩子的个人学习需求。有些答复听起来既有趣又让人有点担心,比如,"评估孩子应关注其自身的优点,而非取决于父母单方面的强势或天真、个人能力或经济方式(或其他任何东西)";"多数情况下,父母并不知道学校里的事,所以在孩子的学校教育问题上,父母必须知道该何时参与、何时不加干涉、何时袖手旁观";"家庭教育应该与孩子学校的教育一致"。

父母的担心通常都有充分的理由,也有确实值得关注的地方。然而,有些父母在维护孩子的利益时却表现得笨拙甚至粗鲁。如果父母能将担忧转化为经过深思熟虑的提问,不仅可以增加老师积极回应的可能性,更利于老师积极参与问题的解决,还可以减少引起老师怀疑、抵制或彻底否认等不具备任何建设性意义的反馈的可能性。

如果父母把与老师的会面作为通力协作解决孩子问题的机会,就有可能收到如下的回应:"谢谢您告知此事,这很有意义。我们看看如何挖掘您孩子的优势,确保他得到最好的学习体验。"

> "没有一颗悸动的心,就不会诞生出闪烁的星。"
> ——弗里德里希·尼采

所有参与者要共同改变

促进改变，提高孩子智力的发展，当然离不开内心的悸动和兴奋。但是与老师合作却需深思熟虑。父母和老师通力协作，孩子的课堂教育才能发生改变。父母对孩子的身体、行为、社交和情感活动都有着巨大的影响，而这些会反映出什么样的教育对孩子最有效。大多数孩子在学校的态度源于其在家的经历，正如保拉那样，孩子的态度可以影响他所有（包括课堂学习）的经历。

父母向老师提供孩子的相关信息，可以帮助老师更好地了解孩子，比如孩子在家是什么样的，喜欢做什么，什么让他开心、热情、专注、愤怒或是沮丧。父母应以高效的方式分享孩子的兴趣、热情和课外活动。"高效"很重要，因为老师工作繁忙，时间有限，不可能每天花大把的时间与父母谈论班上每个孩子在课堂之外的所作所为、所思所想。

父母可以把有关孩子的有用信息写下来给老师。首先要列出孩子的活动和兴趣清单，然后按优先顺序排序，可以对孩子的特别成就或爱好加以注释。一个简短的清单列表（一页纸就够了）要比长达两个小时的视频更有效，那些视频往往还附带着剧本、剧本日志、其他父母的评论和戏剧服装的设计图纸。（的确，善意却没有效率的父母有时会把这样的作品集拿给孩子的老师看。）

只有所有的参与者（父母、老师和孩子）都积极地参与教育过程，才会产生最好的教育结果。

第五章　支持孩子在学校的能力发展

> "未雨绸缪早当先。诺亚造方舟时,天也尚未降雨。"
> ——佚名

有些问题是老师无法独自解决的,其一是孩子缺乏自律,其二则是孩子相信应由别人为他们每时每刻的快乐买单。如果父母希望孩子在学校进展顺利,可以在家里设定高标准,以此入手,培养孩子的批判性、创造性以及合作性思维。父母应确保孩子理解纪律和毅力的重要性,无论孩子是学龄前还是成年后,这都是在任何环境中取得成功所必需的品质。父母还可以从自身做起,乐于从自己的日常经历中汲取知识,养成成长型思维模式,提高孩子学习上的参与度。

有些孩子天生好奇心就强。无论走到哪里,他们都能发现想学的东西,能主动探索老师所教与已学知识之间的有趣关联,独立阅读,或者从周围的世界中发现空间或数字模式。而有的孩子则需要老师或父母的帮助,才能自主发展智力。

虽然听起来有点违反常理,但孩子表达自己的无聊对于聪明的父母来说可能是一种馈赠。如果孩子说:"妈妈,我无聊透顶!"他其实是想询问妈妈自己该做点什么,以及该如何开始对自己的学习负责。在孩子很小时,父母可以给孩子拿些玩具或图书,或推荐一些喜欢的活动。除非孩子生病了或真的筋疲力尽,否则不要用看电视或玩其他电子产品来浪费这黄金时刻。虽然电子产品应在孩子的生活中占据一定的时间和空间，其中也的确有一些不错的学习项目，但过多的电子产品会让孩子养成思维上的惰性，更多地依赖于别人创造的娱乐方式，而不是自己去创造乐趣、发现自己的兴趣。

当孩子大一点之后表达无聊时，明智父母的反应应是："太好了！这是一个很好的时机，你想做点什么尽可以提出来。你可以边想边帮我洗碗。"（或叠衣服，或整理厨房碗柜，或完成另一项孩子通常觉得无聊的家务。）父母跟孩子一起做效果最好，因为这是一个双赢的选择，既能让孩子弄清楚自己想做点什么，不再无聊，也让父母有了跟孩子聊天的时间，还做了家务。孩子选择洗碗、洗衣服或熨衣服往往是有事想和父母聊。

当人们还没学会如何对自己的智力刺激负责，无法满足自身的智力刺激要求时，就会感到无聊。父母如果把让孩子开心愉悦当成自己的任务，孩子就极有可能在学校里感到无聊，长大后也会对工作感到无聊，或许还会对生活的其他方面也提不起兴趣。然而，如果孩子知道在某种程度上教育应由自己创造，他们就已经学到了人生的重要一课，并会从教育中获得更多。

通过与老师合作，父母可以在孩子校内和校外的发展中发挥关键作用。回顾一下第一章中提到的卡琳的例子。她非常喜欢戏剧，却对学习不感兴趣。父母为她找了一些社区课外活动进行课后探索，还把她的兴趣告诉了老师。于是老师便给卡琳创造机会，将她的热情和特长运用到了某些学校作业上面。例如，老师布置作业时允许班里的同学选择，要么自己写一篇关于早期先驱者生活的文章，要么与同学一起分工合作创作、导演和参演一部戏剧，表演出先驱者经历过的一次挑战。卡琳当然喜欢戏剧形式，于是先创作了剧本，然后找了朋友一起表演。事实上，她后来还为科学课编写了另一段对话，描述了最近一次太空发射时发生的事情。

卡琳的父母在女儿的教育中扮演了积极、负责任的角色，他们与老师并肩协作，并且把女儿感兴趣的领域告诉了老师。这样极大地增加了卡琳（她已经显现出厌学的迹象）拥有积极又有意义的学校经历的可能性。

在为学生提供个性化学习机会的程度方面，学校间的差别很大。有的学校会根据孩子的个人学习需求，定期调整教学和评估，采取可以替代教学和测试的其他形式，提供一系列的学习活动和挑战，以及其他策略帮助老师进行调整，以应对孩子的强项和弱项。有的学校则顾及不到每个学生，年龄相同的孩子在同一时间学习的都是同样的内容。对于关心孩子教育的父母来说，"合理"意味着不同的学校学习情况应该有所不同。

还记得亚历山大吗？他是那种很容易感到沮丧，而且害怕解决困难的学生。老师本可以用很多方法鼓励他去承担更大（但是合理）的风险。父母当时如果能告诉老师孩子所遇到的困难、他们观察到的孩子的优点以及可能的领导能力指标等，也能帮助老师进一步了解孩子。但可惜的是，老师对根据孩子的个人学习需求调整课程并不是特别感兴趣，父母也没有要求额外关注，担心影响孩子在课程中的境况。

有些学校解决亚历山大的问题可能相对容易，但某种情况下行之有效的方法（比如老师对课程做出特别调整以帮助个别学生）在另一所学校可能行不通。在这种情况下，亚历山大的父母最好慢慢来，先在家里以身作则，带头改变，然后与老师沟通，通力协作，一步一步地朝着必要的改变迈进。

> "教育的目的是用开放的思想代替空洞的头脑。"
> ——马尔科姆·福布斯

父母的视角

父母支持孩子的教育所能做的最重要的事情之一，就是树立榜样，鼓励孩子热爱学习。

信任学校的教育体系（这是值得的），相信老师的专业能力能为孩子提供可靠的教育，是个不错的选择。但是，当涉及孩子的智力发展时，父母不能仅让所有科目顺其自然地发展，而是应该时刻予以关注并保持积极的态度。

第五章 支持孩子在学校的能力发展

清单:帮助父母发挥重要作用的"A 清单"

以下是父母需要密切关注的要素,也是父母能发挥重要作用的要素:

- 真实(authenticity)
  帮助孩子找到自己的兴趣、价值观和存在方式。
- 活动(activities)
  为孩子提供广泛的活动。其中一些可以与孩子共同参与。
- 增强(augmentation)
  鼓励孩子增强自己的优势。
- 自主(autonomy)
  尊重和培养孩子的独立性。
- 成就(achievement)
  庆祝孩子的成就,帮助孩子从失败中汲取教训。
- 肯定(affirmation)
  肯定孩子的人格要素和独特能力。
- 责任(accountability)
  随着孩子长大,让他逐渐学会对自己的决定负责。
- 态度(attitude)
  为孩子树立成长型思维模式榜样,帮其强化于身。

- **假设**（assumptions）

  辨别并质疑自身关于智力发展和学习的推论和假设。

- **争取**（advocacy）

  与其他父母、老师和管理者合作，共同解决重要的教育问题。

支持孩子能力发展的要素：假设

A 清单上的每一个要素都以不同的形式贯穿本书的始终。然而，本章中我们想把关注点放在最后的两个因素上，即"假设"和"争取"。

阿尔伯特·爱因斯坦说过："如果以爬树的本领来评估鱼儿的能力，它这辈子都会觉得自己是条蠢鱼。"明智的父母会对自己的所读、所闻、所见进行批判性思考，竭力避免轻信他人的臆断。以保拉为例，她解谜题很快，但阅读慢得多。父母认为（并没有丝毫质疑他们对智力发展的根本假设）智商高的学生擅长所有科目的学习，尤其是阅读，并且总能快速掌握新技能。

然而，一旦这些假设受到实际挑战，保拉的父母便认识到，能力并非意味着在所有领域都能取得成就。不同的人有不同的优势，孩子在某一领域优于他人，不一定在其他领域同样如此。正是有了这种认识，保拉、她的父母和老师随后才能看到并欣赏保拉的优势，也开始纠正她自尊心方面以及学习中出现的新问题。

第五章 支持孩子在学校的能力发展

质疑自己的假设远非易事，但只要去尝试就会有帮助。对自己的态度、看法和结论进行批判性思考，会大大减少因为假设错误而造成的问题。

例如，有时父母会因为负担不起昂贵的私立学校、国外旅行或为孩子提供专属俱乐部和定制课程而感到担心。他们假设如果花更多的钱，孩子会获得更好的学习体验。这是一个很有挑战性的假设：必要的经济限制可以激发让孩子长期受益的创造性想法。

安娜玛丽的故事能说明这一点。像很多父母一样，她并不富有，教育预算有限。如何为她10岁的女儿提供持续的学习挑战，她做出了如下解释。

> 莱娜在学习上热情满满，兴趣广泛，所以我一直在留意为她创造丰富的学习机会。
>
> 我曾担心莱娜的教育会因为我没钱而大打折扣，但后来我发现，在我的经济承受能力范围内也有一些不错的活动。例如，我和莱娜一同加入了社区园艺小组，对社区内无人看管的地块进行修复，并为居民重新分配，用以种植粮食或花卉。她的兴趣范围已经从有机园艺扩展到烹饪和环境保护。我们还正在建造一个鸟类"酒店和水疗中心"，并计划开展其他DIY（自己动手）的项目来帮助保护环境。她还用回收的橄榄油油桶设计了一个防蚊雨桶，用于浇灌花园。

父母、老师和孩子可以利用许多廉价但富有创造性的资源来丰富自我、扩展学习、寻找乐趣。正如安娜玛丽的故事所表明的，为孩子寻找或与孩子一起创造有吸引力的学习机会时，父母展现的足智多谋能激发孩子的灵感、培养孩子的创新精神。永远不要认为孩子能否拥有最好的学习机会取决于你的财务状况。真实情况远非如此。

校外的智力培养活动机会是无限的。你可以鼓励孩子发展象棋、第二语言或者音乐（包括读、写、唱，或者凭听觉记忆演奏）等爱好；和孩子一起享受学习的乐趣；鼓励孩子带着问题进行开放式讨论；谈话中运用类比、隐喻和谜语，并要求孩子也这样做；角色扮演；当你对某件事不了解时，可以猜测，并向孩子承认那只是你的猜测；让孩子从不同的角度看待时事；随机应变，对孩子的问题有求必应，关注孩子的想法。

支持孩子能力发展的要素：争取

明智的父母会参与团队合作。通过合作，可以了解当地的教育政策以及教学实践，也能更有效地代表孩子表达学习需求。

> "没有改变的意愿，就没有批评的权利。"
> ——亚伯拉罕·林肯

第五章 支持孩子在学校的能力发展

现在，大多数北美司法管辖区都有明确的法律规定，辖区内所有学校需要提供连续统一的安排以满足孩子各种层次的学习需求。学校还需要向父母提供有关特殊教育服务和上诉权利的信息。然而，立法上涵盖的特殊学习需求究竟是指什么？这要因地而异。无论政策和法规如何，父母要自己去了解情况，通常需先做一番研究，搞清楚问题的关键在哪里。

大多数父母没有时间或专业知识进行实况调查。幸运的是，许多地方都建立了教育支持协会，这些协会已经完成了这些前期的基础工作。通常，它们会提供一系列服务，并充当有用信息的存储库。通过在有相同关注、需求、问题和兴趣的父母之间建立联系，组织社会资源共享网络和聚会，为有特殊需要的父母提供争取机会。当然还有一些国家和国际团体，例如美国和英国的全国天才儿童协会（NAGC）和加拿大天才儿童协会（ABC）。

下面有个为孩子争取权益的真实故事，讲述者是位正在努力满足孩子学习需要的父亲。他描述的情况说明了争取的局限、挑战以及它所带来的力量。

> 菲利克斯在幼儿园无聊到快疯了。老师问我们："我做什么才能让他提起兴趣？"我们提到，前天晚上我们一起玩了个游戏，他异常兴奋。我们没有告诉他我们在做什么，只是打印了一句话（"明天克里斯蒂娜小姐将在学校里玩木偶"），然后把每个单词剪下来，让他用这堆乱七八糟的单词造出尽可能长

的句子。迅速把打乱的单词拼成一个句子后,他非常高兴,大喊着:"再来一个!"

老师没有考虑该在课堂上如何采用这个建议,而是瞪大了眼睛,吃惊地说:"不可能!我不会这样做的!二年级的孩子才能完成这个任务!"

我们多次尝试协助老师为菲利克斯制造些学习上的挑战,但都以失败告终。两个月后,我们换了幼儿园。他现在就读的幼儿园,非常欢迎父母的参与,那里的老师努力满足孩子个性化的学习需求。我和孩子母亲一直在参与这一进程。我们对高层次发展有了更深的理解,并共同筹划推进与他人的信息分享——通过网站、定期对话、与教育工作者的专业发展会议,以及与政治家、作家和研究人员的对话。所有这些让我们更加意识到什么才是重要的,以及父母如何给孩子和其他年轻人带来影响。

我近距离地看到,在帮助调整孩子的教育方面,父母始终站在时刻变化的动态前沿。父母有责任为孩子寻找最合适的学习环境,并与幼儿园保持联系。目前菲利克斯非常满意。他在学习,也在不断成长。园长告诉我们,我们的争取不仅对菲利克斯,对其他高能力的学习者也发挥了重要作用。

第五章 支持孩子在学校的能力发展

清单：父母的争取策略

为了支持孩子的最佳发展，我们为那些希望改变教育政策和实践的父母，整理了以下争取策略。

- **寻找志同道合的人**
  与他人合作，争取会变得更容易、更有效、更意气相投。
- **努力营造信任的氛围**
  改变是饱含情感的，在学校这个复杂又互助的场所，彼此信任的氛围对健康和富有成效的长远改变至关重要。
- **弄清事实**
  收集有关具体情况或问题的必要信息。确保信息是最新的、准确的。
- **确定优先级**
  明确问题的核心。从一开始争取到整个争取过程以及提出建议时，都要准确认清需要解决的问题及其原因。
- **制订计划**
  目标和时间分配要合理，责任分工要公平。
- **具体和实用**
  将自己的想法写下来，与其他人讨论。确保您的建议具体、实用，表达清晰。

- **广泛思考**

  将社区资源（通常与教育无关的社会部门，包括商业组织、志愿者团体、行业、媒体、老年人和专业人士）考虑在内。

- **培养富有成效的工作关系**

  当您觉得改变非常必要，但又遇到对此持反对态度的人时，一定要仔细倾听，尽最大努力弄清楚他们的观点和担忧。保持开放的沟通渠道，在相互尊重的基础上进行对话协商。

- **信念坚定**

  即使在争取过程中陷入困境，也要保持乐观，努力重拾前进的动力。

- **鼓励儿童进行自我争取**

  帮助孩子明确与自己的年龄和思想成熟程度相符的学习需求，并表达自己的学习需求。

关于争取以及与孩子就读的学校合作的最后一点是，改变从来不能一蹴而就。要从小处做起，慢慢推进，保持耐心。

测试：父母是否有效支持了学校

要支持学校培养孩子的智力，父母能做的 10 件最重要的事情是什么？以下是自我测试问题（回答是/否）：

第五章 支持孩子在学校的能力发展

1. 孩子谈论学校时,我是否在积极、专心地倾听?(是/否)
2. 我是否对他的问题和担忧进行了深思熟虑的回答?(是/否)
3. 我是否以成长型思维模式应对孩子在学校的起起落落?也就是说,我是否将遇到的阻碍视为学习的机会,相信孩子能通过努力一步步地改变?(是/否)
4. 我是否熟悉孩子的学习需求?(是/否)
5. 除了关注孩子的在校表现外,我是否还关注他的情感、社交能力和身体状况?(是/否)
6. 我是否与学校保持积极的联系?(是/否)
7. 我是否避免对孩子进行主观臆断,包括他的学习、偏好或能力?(是/否)
8. 我是否阐明了对孩子的学习期望,期望是否明确、现实和合理?(是/否)
9. 我是否需要咨询医疗、教育和心理方面的专业人士?(是/否)
10. 我是否根据孩子的学习需求为其争取权益,是否已架起家与学校、社区和父母组织之间的桥梁,然后又退居幕后?(是/否)

如果您对孩子的教育状况不满意,这个测试可以帮助您解决一些问题。那些"否"的回答可以为您提供改进的线索。如果现在孩子的教育问题一切顺利,您可以不时地回顾一下这个小测试,确保万无一失。

养育的秘诀

1. 校长们明确了能提高学生学习成绩的3个因素：(1)勤奋刻苦；(2)父母和老师的鼓励；(3)老师和父母的耐心。
2. 有见识的父母对孩子的教育结果能产生很大的影响，尤其是当他们把老师视为与自己通力合作的伙伴时。
3. 大多数老师都是致力于孩子的学业成功和全面发展的专业人士。他们的工作受到许多父母可能没有意识到的约束条件的限制。父母可以向老师表达对孩子教育的担忧，但要态度尊重。在解决问题的过程中，对待对话、建议、新方法和团队合作要持开放态度。
4. 以非正式的方式开始，与老师合作解决孩子学校教育的相关问题。
5. 想助力孩子教育上的成功，父母可以在家强化孩子自律、勤奋刻苦的习惯。确保孩子对自己的学习负责，而不是认为自己理所当然有资格获得持续的愉悦。
6. 父母可以使用"A清单"思考哪些要素需要关注：真实、活动、增强、自主、成就、肯定、责任、态度、假设、争取。
7. 尝试确定自己的（还有他人的）主观臆断是否会干扰对学校所发生的事情的看法。努力消除此类干扰。

8. 只要父母愿意寻找，就可以发现能够培养孩子智力的活动，而且不必花太多钱。
9. 如果你认为孩子的在校学习需要改变，考虑与他人一起进行争取工作。

　　本章分享了几个孩子的故事，包括菲利克斯、莱娜、卡琳和保拉，他们的父母采取了主动措施，使他们的学校教育发生了有益的变化。在考虑孩子和他们的家庭有时会遇到一些额外的复杂问题和担忧之前，我们把重点放在教育的具体细节上。对于父母来说，了解老师的工具箱中有什么（他们能获得什么）很有帮助，可以用来高效地培养孩子的能力。同样重要的是，父母能明白在这一过程中自己还可以做些什么支持老师的工作。

第六章

协助老师高效培养孩子的能力

第六章　协助老师高效培养孩子的能力

> "也许老师与学生并没有太大差异——都是学习者，都有自己的学习出发点，需要根据重要目标衡量成功，需要坚持不懈的努力，朝着目标迈进。"
>
> ——卡罗尔·安·汤姆林森

据我们了解，大多数老师都专业、认真，希望教好班里的每一个孩子。对父母而言，了解老师的职业责任及其在教育工作中的诸多限制，才能成为孩子学习的有效支持者。

为了帮助父母更好地了解孩子在学校的情况，本章分享了许多相关信息，可供父母参考。例如，老师要成为培养孩子能力的强有力的合作伙伴，需要哪些必要的教学工具、资源和支持？父母如何判断孩子所在班级和学校的学习环境是否利于其能力建构？父母对老师可以有何期望或要求？父母如何才能与老师并肩协作，共同促进孩子优势的发展？

老师的课堂要素

老师都受过职业培训,具有教学和学习过程的专业知识。然而,培训的内容并不总是包含最新的有关能力建构的研究成果。因此,父母如果了解建构孩子的智力、创造力、抗逆力和其他重要优势的教育要素,就能更好地支持老师培养孩子的能力发展。

> "有的孩子喜欢研究潮汐的节奏,有的孩子想弄清楚冗长的方程式,有的孩子琢磨伟大的小说,还有的孩子思考历史事件的意义。孩子有这么多的可能性!"
>
> ——朱莉

对于老师来说,第一要素是欣赏孩子间的显著差异。受过专业教育培训的老师都知道,对于孩子的学习不能一刀切,即便是没有特殊学习需求的孩子间也存在巨大差异。比如,时间上的差异:有些孩子在学前班就表现出高阶的学习需求,有些则是之后才发现自己的兴趣和能力。另外,侧重点上也存在差异:有些孩子在数学方面有特殊的学习需求(无论是因为优于还是落后于同龄人),有些则需要在语言、文学、科学或地理方面给予特别关注。正如第一章中所讨论的,智力有多种类型,孩子在不同领域的能力水平各不相同。此外,孩子间的社交和情感成熟度也有很大差异,当然,差异也存在于孩子的性情、行为、动机、经验等因素当中,这些因素会

第六章 协助老师高效培养孩子的能力

影响孩子乐于创造的能力。

老师支持孩子能力发展的第二个要素是充分关注特定情况下适合特定个体的教学内容。这不仅要评估孩子在不同领域的学习需求和学习兴趣，关注其与众不同的原因，还要评估孩子当前优势的特征和程度、学习上面临的挑战或问题。孩子的学习越出色，调整其课堂体验就越重要。

第三个要素是老师在创造力上的决策。这一要素体现了老师的意愿，即是否愿意拓展自己的边界，尝试新的教学技术，超越传统的应试教学课程指南。老师要利用广泛的教学和评估活动进行抉择。艾里希·弗洛姆说："创新需要承担不确定性的勇气。"我们观察到，创新精神增强了对个体差异的欣赏，不仅可以激发老师的教学活力，增强学生的学习效果，还可以活跃整个学校的教学氛围。

第四个要素是获得实施最佳教育实践的行政支持。令人兴奋的是，有些老师发现了欣赏孩子个体差异的创造性方式，确保每个孩子都能享有挑战其能力、激励其动力的学习经历。如果教学管理人员能尽其所能，支持老师自主权，发挥其优势，就能营造出激励学习、促进能力建构的学校文化。

第五个要素是精心设计有挑战性的专业发展机会。孩子的能力因学科而异，并随时间变化。老师要面对由能力各异的学生个体组成的整个班级（或整个年级，或整个学校），显然任务艰巨、责任重大。因此，老师的专业发展并非可有可无，而是必不可少。

例如，想想木匠所应具备的知识。木匠需要使用大、中、小尺寸各异的平头螺丝刀、方柄螺丝刀、十字螺丝刀、短柄螺丝刀和梅花型螺丝刀。虽然都是螺丝刀，但木匠知道不同的螺丝刀对应不同的工作需求。在理想情况下，老师的工具箱里也应包含一整套适用于不同孩子的教学方法，既有适合学习困难的孩子的方法，也有适合在一个或多个领域遥遥领先的孩子的方法。

优秀的老师明白，如果某种方法对某个孩子不起作用，就必须重新评估情况，谨慎选择另一种方法。当然，这需要扎实的培训和专业发展机会。木匠也是如此，他不可能某一天拿起工具箱就自称是橱柜制造大师。除了要有合适的工具外，木匠也需要进行多年的培训（包括技术培训，当学徒，实践，实践，再实践，以及学习设计和工艺标准），才能将几块木头制作成一件漂亮的家具。

就像木匠需要学习专业知识，老师要想成为教育专家，也需要多年的培训、学习和教学经验，同时还需要同事间的合作，获得特殊教育和其他骨干老师、顾问、教育管理人员以及父母的支持，还要了解教育实践的专业标准，且获得广泛的实体和在线教育资源。

清单：老师的专业发展机会

以下是对老师专业发展的建议：

- 参加继续教育和其他资格课程的学习。

- 与大学研究人员合作，一起探讨不同的教、学和评估方法。
- 根据需要向特殊教育工作者、社会工作者和心理医生进行咨询。
- 同事间相互指导，既可以是指导者，也可以是被指导者。
- 参加相关会议和研讨会并发言。
- 建立自学互助小组，通过观看视频、相互讨论，增强教学技能，思考不同的教学方法和学习方法。
- 参与基于技术的项目（例如，探索计算机程序如何应用于不同的研究领域）。
- 与其他老师共享教育资源。

为老师提供丰富的专业发展机会的团体或社区也能获得丰厚的回报。国际学生评估项目（PISA）曾对65个国家的学生和学校进行调查，比较他们的学术（包括数学能力、阅读能力和写作能力）成绩。安德烈亚斯·施莱克尔负责协调国际评估测试和分析，他在报告中写道，国际学生评估项目中表现出色的学校都具备一个共同点：老师拥有"自主权"。2012年研究结论发布后，托马斯·弗里德曼在《纽约时报》上写道，这意味着"在课堂上应给予老师高度的职业自主性，允许老师参与课程标准的制定，并为老师的持续专业发展提供充足的时间"。

赋予老师自主性和专业发展机会能带来很多益处，例如，能让更多的孩子参与到有意义的学习中；为老师、校长、学生和其他人提供更有活力的学习环境；在跨学科领域取得更好的学习成果。这样，更多的人会逐渐地在不同领域获得更高水平的专业知识，反过来又促进了人们参与终身学习、发明和发现。因此，要促进孩子能力充分发展，如果能确保老师获得所需的支持，那么人人都会受益。

清单：老师建构孩子智力的 5 个要素

以下是建构孩子能力的 5 个基本要素的概述：

- 欣赏孩子间的显著差异。
- 充分关注特定情况下适合特定个体的教学内容。
- 拓宽边界，尝试新的教学技术，超越传统的应试教学课程指南。
- 获得实施最佳教育实践的行政支持。
- 精心设计具有挑战性的专业发展机会。

有效的课堂想法

刚入职的新手老师往往能为学校和教育带来一些值得深思的新

视角，有助于重新审视哪些有效，明确哪些需要改变。

> "不满是进步的首要条件。"
> ——托马斯·爱迪生

我们曾向几位新手老师询问他们初次教学实习的经历，问题如下：

"关于孩子的学习方式，你注意到了什么？"

- 每个孩子都有独特之处。
- 我看到有些学生真的很无聊，他们无事可做！
- 有些孩子只是需要倾诉，希望有人倾听。
- 很多孩子好奇心很强，问的问题很有意义。
- 有个小家伙很聪明，也很腼腆，他似乎懂得很多，却不知道如何与他人沟通。肯定有很多孩子也存在这种情况！

"对有高阶学习需求的孩子使用了哪些教学策略？"

- 我同事的方法是在孩子开始单元学习之前进行测试。然后，她会特意与那些已经了解这些材料的学生交流，让他们帮忙设计教学方式，扩展他们的学习体验。
- 学校早上 7 点会为那些想学更多知识的孩子开设一门特别的

课程。
- 我没看到任何类型的拓展课程！完全没有！
- 学校为孩子提供了几十种课外活动，还有一位指导老师每周有3天利用午餐时间在图书馆里开设"探究俱乐部"。
- 老师会为孩子布置独立作业，然后逐渐加大作业量。

这些正在接受培训的新手老师的观察细致入微。有些发现孩子的学习需求可能天差地别，有些看到了优秀老师在课堂上的有效举措，有些则看到了一些不太合理的状况。（早上7点的特别课程是否有效？孩子的独立作业是否堆积如山？恐怕没有多少孩子会认可这样的做法。）

我们还向这些满怀抱负的新手老师询问了改进建议，他们的回答也很有见地：

"要确保所有孩子都能得到最好的教育，必须做些什么？"

- 关于如何与不同类型的学生打交道，老师需要更多信息。
- 有针对性的专业发展机会，获取教学资源，访问教育共享网络，咨询教育顾问等。
- 校长是关键。行政主管的支持会带来提高教育水准所需的资金和文化支持。这两者可以改善学校内部的教学和学习环境。
- 学校应为学生提供更多培养和锻炼领导力的机会。
- 老师要向全体学生敞开怀抱，而不是仅仅关注那些看起来出

第六章 协助老师高效培养孩子的能力

类拔萃的学生。给每个学生发光发热的机会，才能知道他们的潜力。

有趣的是，这些新手老师的观察和担忧与经验丰富的老师非常相似。以下是经验丰富的老师苏珊·米勒分享的一个故事，讲述了她如何将瞬间的启发转化为行动：

> 十年级学生艾弗头脑聪明、善于表达，但在第二学期快结束时，他开始不交作业，成绩下滑。我找他谈话，他说对学校感到厌倦，而且这种情况已持续了很多年。我说如果免掉他的作业，他能否在我的课堂上表现得更好。他咧嘴一笑，说："能！我保证。"
>
> 我认真考虑了他的回答，随后联系了一位指导顾问，商讨第三学期能为艾弗（也许还有其他人）做些什么。指导顾问又与科学老师和数学老师交流如何激励艾弗的学习动力，他们愿意去探索各种解决方案。后来艾弗重拾上学的乐趣，因为有了学习挑战，要进行批判性和创造性思考，他不再感到无聊。
>
> 艾弗的转变让我欣慰，但我又不禁想知道，有多少学生学习成绩下降、心理状态受影响（这些也许看上去像是行为问题，也许表面看不出问题，也许学生会因学习不努力而被贴上"懒惰"的标签），是因为没有人看到他们的能力，及时解决他们的问题。

这种为满足不同个体的学习需求而改变教学实践的教学方法叫作"差异化教学",但多数老师对此不置可否。这也难怪,因为在他们看来,差异化教学意味着除了要承担教学、评估和撰写文书等本职工作之外,还要进行诸多额外工作,有些甚至不可能完成。

然而,相关研究有力地证明了差异化教学的有效性,而且在过去 10 年中,为了帮助老师更好地进行差异化教学,获取必要的相关知识和技能,我们在老师的专业发展方面已经做了很多努力。进行差异化教学需要了解孩子的实际情况,并对他们的个性化学习需求予以回应,拉尼·卡涅夫斯基将其描述为"尊重差异化"。该理论认为,教室中的每个孩子都有自己独特的能力和问题,老师应以此为起点,着重发展孩子多种不同的智力类型。

以下是有良好业绩的老师与我们分享的 3 种差异化教学经验:

- 四年级一共有 3 个班,我负责其中之一。就阅读课而言,我班上孩子的阅读能力达到了本年级阅读水平。其中一位同事班上的孩子有阅读困难,另一位同事班上的孩子阅读能力高于本年级阅读水平。这样,每个孩子都能接受到与自己水平相符的挑战,老师设置的挑战既没有想涵盖所有阅读水平的孩子,也没有忽略任何一个孩子。
- 一位父母志愿者帮助我们学校提供额外的教学资源。她组织了一次博物馆实地考察活动,邀请了一位科学家到我们班做

第六章 协助老师高效培养孩子的能力

特邀嘉宾，还安排了一次艺术家进校园活动。
- 预先测试中获得 85 分及以上分数的学生可以利用课外时间，在学校图书管理员指导下，选择并参与在线的其他学习活动。到目前为止，他们已经开展了许多主题研究，如三角函数、魔术、祖父母居住地的国家文化等。当前有一个小组正在就如何拯救搁浅的鲸鱼进行调查研究，孩子一直在线上与海洋生物学家进行交流，他们非常投入，也乐于分享自己的学习热情和学习收获。

这些老师已经发现了很多举措，可以帮助他们响应孩子个性化的学习需求，包括灵活的分组、父母的参与、同事间的相互合作、以问题和探究为导向的学习方式以及合理的选择。然而，要掌握进行有效的差异化教学所需的多种教学技巧，老师往往还需要一些帮助。

长期以来，教育研究者和倡导者一直主张改进特殊教育的老师培训，包括对资优教育的老师培训。现在大多数老师都会学到关于儿童发展规律的一般课程，还有许多老师学习了差异化教学的部分技巧，以应对一些较为常见的例外情况，比如特定类型的学习障碍等。差异化教学培训的程度因学区而异，有些学区即使对老师进行了相关培训，对高阶学习需求的关注也微乎其微。

忽视高阶学习需求的原因有很多。其中之一是人们普遍存在误解，聪明的孩子就算没有额外关注，也会做得很好。另一种原因出于政治考虑，鉴于竞争问题众多以及对有限教育资金分配需求的日益增加，关注高阶学习需求就显得微不足道了。

老师借助各种机会探索适用于各种类型孩子的可靠方法，并得到教育主管人员的支持时，人人都会因此受益。父母可以在这个过程中发挥重要作用。如果父母认识到很少有老师能得到他们所需要的特殊教育和差异化教学的培训，并倡导给予全校老师这些方面的发展机会，包括培养高阶学习需求学生的最适合的做法，就能为自己的孩子，以及许多其他孩子带来巨大的影响。

那么，老师该如何学习差异化教学实践呢？可以参加学习小组，报名相关课程，查询专业网站，参加相关会议以及接受远程教育。这些学习机会有利于解决本书提到的各类主题，包括如何为有学科优势（语言、数学、科学、音乐等）的孩子量身定制课程，如何解决学生的社交/情感问题，以及如何调整课程和评估教学过程等。

教学框架的 4 个要素

老师要根据孩子的学习差异进行课程区分，有一个包含 4 个要素的可行性框架：规划、评估、活动和学习环境。父母了解这个过程，有助于他们成为孩子教育过程中的支持者，更好地应对孩子在学习过程中可能出现的差距。

第六章 协助老师高效培养孩子的能力

要应对孩子的不同学习需求，老师的周密规划非常重要，无论是对于孩子都极具天赋的资优班，或是只有部分孩子能力强的普通班，抑或有学习问题的特殊班，都是如此。

规划包括思考教学目的和目标，调查可用的教学资源和支持（以备不时之需），以及帮助学生成为更好的规划者。规划也意味着要弄清楚如何进行扩展学习，为已经掌握材料的孩子提供挑战。

有效的规划策略可以帮助老师更有效地应对孩子的兴趣、学习需求和学业水平。父母了解规划在教学／学习过程当中的重要性，可以帮助老师获得所需的教学支持和资源。

正如我们在第四章中所指出的，评估极其复杂，即使经验丰富的老师也会对如何进行最佳评估存有疑问，也难怪那么多父母深感困惑。尽管如此，父母可以与老师会面，讨论评估方法，更好地理解这些方法。

清单：良好的评估实践

父母可以思考以下问题，从而判断评估实践是否有效：

- 灵活性：评估过程是否足够灵活，是否可以展示孩子各个层面的优势？（例如，罗伯特在数学方面要领先其他同学好几年；还有像亚历山大这样的学生，问题太难时，他们会感到焦虑,甚至会寻衅好斗。)
- 多样化和多面性:是否有多种评估形式,使全体学生都有机会看清自己的弱点并展示长处?
- 教育意义:参与评估的方式是否能促进学生的学习?
- 公平性:评估实践是否公平、公正和合理?

评估可以无缝地融入学习过程,稳步提高挑战水平。评估的形式多种多样,从以常模参照评价[①]的标准化学业成绩测试到老师对孩子完成作业时的观察。还有一些更有趣的评估形式,包括辩论、学生博客、师生共同参与制定的评分量规、概念图、历史戏剧作品以及学生设计的作品集等。

选择哪种评估方式取决于老师采集信息的用途。例如,头脑风暴是很好的初步评估,可以帮助老师在教授新课之前,明确哪部分学生知晓了单元主题,也可以为课程设计和差异化教学提供信息。作品集和概念映射更适合形成性评估[②],便于老师(在学生的帮助下)在此过程中微调教学重点。标准化考试非常适合总结性评估[③],其目标是找出孩子在单元学习结束时学到了多少。

周密的规划和有意义的评估为孩子有效的学习活动铺平了道

---

① 指评价时以学生所在团体的平均成绩为参照标准(常模),根据其在团体中的相对位置(或名次)来报告评价结果。
② 指基于学生学习全过程的持续观察、记录、反思而做出的发展性评估。
③ 主要用于评价某一方案或特殊教育全过程的教育效果和有效性,确定这些努力是否达到了预定的教育目标。

路，活动则是教学框架的第三个要素。

清单：挑战性措施

以下挑战性措施，老师可用以支持学生的高阶学习需求：

- 日常在学生擅长的科目提出挑战。
- 对所有学科领域都提高标准。
- 关注概念、要点、问题、原则、总结。
- 根据需要加快数学和科学的课程节奏。
- 去除多余的练习。
- 提供提前学习、获取学分的机会。
- 提供独立学习、独树一帜的机会。
- 在展露天赋的领域接触超越年级水平的内容。
- 缩短基础教育体系的学习时间。
- 提供与能力相近的同龄人社交和学习的机会。

有许多课程模式包含了以上3个或更多建议。有些课程模式需要进行广泛的老师培训，因此这里并没有列举。但是，有些方法父母可以在家中使用，或者可以为他们的支持工作提供参考，还有些方法可以从孩子的家庭作业或已完成的任务中体现出来。

接下来，我们总结了几个可以应用于学习活动的方法，包括我们在其他章节简要介绍过的一些理念（如多元智能），我们还将讨论这些方法的实际意义。

教育目标分类法是对不同类型的学习者进行差异化教学的行之有效的方法。本杰明·布鲁姆设计了以下 6 个教育目标：记忆、领会、分析、应用、评价和综合。该方法可用于丰富孩子在任何学科领域的学习经验。有效使用该方法，可以为孩子提供有意义的学习选择和挑战，更利于其创造性思维和批判性思维的发展，促使他们更多地参与学习过程。

布鲁姆等人开发了一些实践活动以配合教育目标分类法。尽管有些孩子能比同龄人更快地获得更高等级的思维技能（分析、评估和创造），但至关重要的一点是，他们也需要先掌握较低等级的思维技能（记忆、领会和应用）。例如，不能记住并理解颜色、形式、线条和透视等基本要素，就无法评估不同视角下文艺复兴时期绘画的优点。

多元智能（MI）是一种扩大智能建构范围的方法（我们已在第一章讨论过这个问题）。多元智能解放了父母和老师的想象力，为教学和学习打开了无限的可能性。对于这种智能建构方法，需要提醒的是，若应用不当，可能导致知识和概念扭曲或简单化。例如，我们了解到，有的老师将其硬生生地应用于数学教学：学生不去学习乘除法，而是学习唱歌、画画或使用数字做拓展练习。罗伯特喜欢解决数学难题，数学水平也远超班上的其他孩子，却极其厌恶老师布置的任务——用牙签摆出罗马数字 I 到 L，并做成海报。"那不是数学！"他生气地说，"无聊透顶！"

成功智力三重理论将智力分为 3 个组成部分：分析性智力、实用性智力和创造性智力。正如我们在第一章中提到的，分析性智力是小学和中学教育阶段最注重的智能，能以 IQ（智商）估量。夏洛克·福尔摩斯对细节和逻辑演绎的关注是分析性智力的很好体现。孩子擅长解决难题并喜欢进行比较和对比，就是在发展他们的分析性智力。

实用性智力有时被称为"街头智慧"或"常识"。它指的是适应个人、社会和职业环境的变化的能力。奥普拉·温弗瑞就是很好的例子，她在商业上的成功很好地反映了她非凡的实用性智力，这与她的智商分数或学习成绩无关。

创造性智力是指用于发明或设计方面的能力。你可能还记得卡琳，她喜欢设计戏剧场景和表演，讨厌把时间浪费在与现实世界的作品或表演无关的活动上。虽然她不擅长考试，但从成功智力三重理论的视角分析，她那不尽如人意的分数只能反映出智商测试的局限性，而不是她个人的局限性。

承认智力表达方式的多样性可以拓展孩子对可能性的认知。像成功智力三重理论这样的方法不仅能使孩子发现自己喜欢的思维方式，还能帮助他们更广泛地发展自己的能力。例如，这种方法可以帮助卡琳认识到除了创造性智力之外她还应重视自己的分析性智力和实用性智力，该方法还能帮卡琳父母了解她长大后想进一步探索的能力类型。

然而，成功智力三重理论也可以颠覆一些重要的学习目标。有时，老师会布置一些作业，允许学生以不加批判的"创造性"或"实用"模式完成作业，但学生们原本应该先完成一些重要的分析性学习，以此作为创造性或实际应用的基础。例如，如果一个孩子对猫鼬知之甚少或一无所知，那么他就很难写出一首关于猫鼬的好诗。

基于问题的学习方式将问题作为学习的起点，孩子彼此合作，并与他们的父母、老师或其他导师一起协作，找出实际的问题或感兴趣的问题。当问题真实又具有挑战性时，效果最好。选择和协作对此过程很重要，当然解决问题所带来的成就感也很重要。

清单：基于问题的学习方式

无论在家还是在学校，基于问题的学习方式可归结为以下环节：

- 发现问题：明确什么需要改变。
- 调查：提出问题并找出可能的答案。
- 解决问题：找到一个或多个可行的解决方案。
- 实施：付诸实践。

第六章 协助老师高效培养孩子的能力

以上概念如何才能转化为学习活动呢？先界定问题，一旦确定了一个有趣的问题（孩子感兴趣也感觉重要的问题），下一步就是尽可能彻底地了解问题的背景、障碍、机会和其他复杂因素。之后，孩子会进入问题解决过程，他们并肩协作，确定前进的方向，提出行动建议。在问题解决过程中，他们也许会进行预测，设计实验，进行研究，得出结论，组织信息，与他人沟通，并最终磨炼他们的高层次思维。他们也许会尝试实施他们的想法，评估其对已确定问题的影响，为日后的行动提出建议。

一位中学老师分享了这个基于问题学习的故事：

> 在过去的几年里，我的学生发现了当地存在各种有趣的甚至是大规模的问题，并着力解决这些问题。例如，有个小组认为社区小学需要更新操场器械，于是，他们并肩协作，对最先进的设计方案和环保材料进行研究，又寻找志愿者帮助他们做好计划。后来他们争取到了社区和企业的支持，得到了施工许可和一流建筑团队的援助，最终完成了建造。

这种富有成效的活动既激励人心又充满乐趣，还能促进不同类型的学习者达成高水平的学习成果。如果想要进一步探索这种方法，建议了解约瑟夫·兰祖利的丰富教学模式。

基于问题的学习方式也存在潜在的隐患，例如父母或老师因过于忙碌，让孩子自己进行项目探究，却不能给孩子提供足够的指导。此外，孩子提供或者接受的调查问题可能会过于琐碎，或者不加批判地对所谓的"解决方案"全盘接受，从而使得这一过程不再具备任何持久性意义。

无论采用何种学习方法或学习活动，有效的差异化教学必须以扎实的教学实践为基础，又反过来促进教学实践。每个课堂都有激励高水平学习成果的独特方法。我们将这种方法总结为5个"要"：要足智多谋，要合情合理，要接受改变，要尊重学生的感受和能力，要积极回应他们的问题。最有效的教学活动应该根据孩子的学习兴趣和意愿进行设计或做出调整。提出的期望和目标要明确，符合孩子在不同领域的优劣势。

只要能理解充分并实施得当，差异化教学并非不可逾越的挑战。老师可以将其视为一种思维方式，渗透于日常课堂的行为举止。这意味着，要关注孩子能力水平的个体差异，随时进行相应的调整；一切采用灵活的选择方式；要打通沟通渠道，进行创造性思考，并根据孩子学习方式的差异调整教学方式。简而言之，这就是好的教学的意义所在。

在过去12年中，埃琳诺拉一直从事四年级到六年级的教学工作。像许多老师一样，对差异化教学的建议，她的第一反应也很抵触。但她后来改变了想法，对于改变的原因，她在给我们的信中写道：

> 一开始，我对差异化教学的理念深感厌烦。为什么要把

第六章 协助老师高效培养孩子的能力

注意力放在学生的差异上？我觉得孩子也会对这种特殊待遇感到无所适从。我觉得根本不应该这样做。

每次开老师专业发展研讨会，内容都隐含着"差异化教学"，这个词就像是一个放在蔬菜箱里慢慢腐烂的洋葱，我一点儿也不喜欢。我想，"哪个老师有时间为每个孩子修改教学材料、改变教学模式、转变评估方法、量身定制课程？"我的工作已经够多了，除了要完成所有课程的日常备课、试题编写以及主管部门要求的各类文书之外，有时我还会给学生一些正常教学课程和教学常规之外的学习选择。例如，他们可以自己选择要进行课堂报告的书，可以展现自己的创意。每隔一周我也会安排一次自主学习活动。

后来我参加了一个为期 3 天的研讨会。我开始意识到"差异化教学"并不是腐烂的洋葱，而是一种有计划的始终如一的日常教学和学习方法，它非但不会阻碍教学，还会对我的教学有帮助；它并非可有可无，而是具有可行性的必然选择。

现在，学生帮我寻找教学资源，我们一起学习。我只负责监督，大部分的评估工作由他们自己完成。我会提出一些开放性的问题，他们会使用具体思维或抽象思维进行分析和解释。我仍然认为老师不应该过度关注学生的差异，但学生之间确实存在差异，所以课堂上的很多改变实际上是有意义的。的确，这个世界并不总是如此包容差异，但这也并不意味着我应该遵从这样的规则。事实上，也许正因如此，我才不应该遵从……

教育管理人员（和父母）应该鼓励老师尽可能多地利用各种学习机会。像埃琳诺拉参加的此类研讨会数不胜数，老师全年都可参加。专业的教育期刊、教育协会乃至线上也都会提供这样的学习机会。

父母要是能视自己为学校文化中不可或缺的一部分，积极为学校教育做贡献，人人都会从中受益。学校管理人员（校长、副校长以及其他负责学校管理的人）在确保孩子进行有意义的学习活动方面发挥着重要作用。行政人员能够促成校内外的有益合作，还能为老师提供专业发展机会，当然这需要与当地以及国际上的其他学校建立联系，也可能需要与附近的组织和企业建立联系。

探讨完教学框架中的前三个因素，即规划、评估和活动所涉及的各种需求和可能性之后，我们现在将重点转入最后一个组成部分，即学习环境。

清单：良好的学习环境

良好的学习环境包含哪些关键因素？父母应密切关注以下内容：

- 专业人士（老师、导师、专家）的互动关系网，他们可以分享想法和共享资源，并肩协作。

- 紧密配合的课程（例如，普通教育和特殊教育，跨年级或跨学科课程）。
- 连续统一的系列服务，为孩子的成长和智力发展提供充足的机会，使其按自己的节奏发展兴趣、显露优势。
- 教育管理者（如校长、督导和地区教育政策制定者等）持续不断的支持和投入。

学校文化囊括上文提到的所有因素，能促使每位学校动态发展的参与者（老师、父母、管理人员和孩子）学习更有成效。随着教学和学习向着可喜的方向推进，也会增加孩子的学习活力，提高学习兴趣，促进智力发展。

> "我们学校并不提供任何类型的高阶课程，负责协调特殊教育的老师还告诉我，他们并不会对个性化教育计划中的极具天赋的孩子进行区分，因为如果他们这样做了，就必须有相应的课程。但学校并没有此类课程。他说，此类孩子可以去其他学校。"
> ——科莉

发人深省的问题

许多学校和校董事会都不提供任何类型的高阶课程。他们认为，天资聪明的孩子无须特殊教育也能表现得很好，这一态度体现了对个人发展差异的无情漠视。这种态度不禁让人想起，加拿大的大多数行政区在立法保护高阶学习需求者应获得与其能力相称的教育权利之前，特殊教育曾被视为奢侈品，而不是必需品。对高阶学习需求关注的缺失反映了教育行业玩忽职守的轻率。然而，可悲的是，这些情况仍然存在。事实上，还相当普遍。

对于那些不公平的、僵化的、过时的或过于狭隘的教育政策，许多老师都尽力规避或努力改变。事实上，上面引用的就是这样一位老师的表述，她对自己所处的工作环境非常不满，决定为此做点什么。于是她报名参加了一门资优教育课程，以便更多地了解如何满足孩子的高阶学习需求，甚至想着也许将来的某一天能改变所在学校的校园文化。她已经开始付诸行动并且会继续坚持。

各行政区的学校之间，甚至是某个学校的各班级之间，在教育规划、评估、活动和学习环境方面都各不相同。明智的父母会认真思考孩子所在的课堂或学校是否有助于孩子的能力发展。为此，我们提供以下十个问题供父母思考。虽然这些问题的答案都是以"是否"的形式呈现，但现实情况通常远比"是否"微妙，答案可能并非简单的非此（"重视优秀"）即彼（"忽视优秀"），而是在两者之间。不确定答案的父母应该找孩子谈谈，如果仍然不确定，可能就意味着是时候走进学校调查一下，看看孩子在学校里的情况。

测试：学校是否有助于孩子的能力发展

1. 学校文化：是否崇尚聪明？是否优先考虑能力建构？学术上是否以追求卓越为目标？学术卓越是否受尊重？（是/否）

2. 行政态度：参与并分享差异化教学实践的老师能否获得行政上的变通支持？（是/否）

3. 老师的专业发展机会：是否有以满足不同的学习需求为重点的、积极的专业发展规划？（是/否）

4. 尊重个人发展差异：是否能发现学生间优势、劣势和兴趣的差异，并据此精心策划教学方式，精心设计教学活动？（是/否）

5. 教学水平和成果质量：期望是否恰当？学生能否享有以掌握概念和深刻理解为重点的高质量教学？（是/否）

6. 学习体验的深度和广度：是否鼓励学生广泛探索自己的想法？（是/否）

7. 与能力相符的评估：是否用各种方法让学生展示所知道的和所理解的事物？（是/否）

8. 自发性和灵活性：是否将突发事件视为学生在现有知识基础上进行知识建构的机会？（是/否）

9. 父母和学校的联系：父母与学校的沟通渠道是否开放、

坦诚、互惠？学校是否欢迎父母的参与？是否认真考虑父母的观点？（是/否）
10. 学校环境：学生是否有学习热情？学校是否安全、有吸引力、有活力？学校是否鼓励多样性？（是/否）

反思上述测试中的 10 个问题，能促使父母更好地帮助老师实施他们所想要的教学。即使答案大多为否，父母也可以找到一个坚实的起点，思考如何成为教育变革中的支持者，如何支持老师的日常工作。一旦老师掌握并开始明智地使用必要的工具，剩下的问题就是持续的专业发展、建设性实践、协作努力、教学经验和相关教育支持。也许这是一个艰巨的任务，但肯定可行。

第六章 协助老师高效培养孩子的能力

养育的秘诀

老师可以通过以下举措促进孩子能力的发展：尊重学生的个体差异，实施一系列教学和评估举措，老师在创造力上的决策，获取教育主管的行政支持，积极参与丰富多样的专业发展机会。这意味着要足智多谋，合情合理，接受改变，尊重学生的感受和能力，积极回应他们的问题。

要了解老师的角色、责任和要求，父母可以牢记以下几点：

1. 老师的工作比外人想象的要复杂得多，要求也更高。
2. 针对个体差异进行差异化教学是创建能力建构教育环境的关键因素。
3. 差异化教学的4个领域是：规划、评估、活动和学习环境。
4. 教育管理人员在确保孩子在学校体验富有成效的学习机会方面，发挥着重要作用。
5. 要评估孩子的学校体验是否足够富有成效，可使用"测试：学校是否有助于孩子的能力发展"进行思考。

学校经历对孩子的教育和健康影响深远，但仅仅关注老师的角色远远不够。父母还需要认真思考时时出现的有关孩子教育的决策、问题和疑惑，这将是第七章探讨的内容。

第七章

帮助孩子选择合适的学校

第七章　帮助孩子选择合适的学校

> "好运偏爱有准备的人。"
> ——路易斯·巴斯德

孩子该去公立学校、私立学校、特许学校还是居家教育？应重点关注艺术、科学还是体育？应选择社区学校、非传统学校还是线上学习？以上种种选择各有利弊。谁也不能完全了解另一个人复杂的生活背景，也就没法告诉对方什么样的教育对他们的孩子是最好的。但本章将会讨论上述各个选项的利弊，列举不同类型的决策依据，并分享一些决策过程，这些过程帮助一些家庭成功地应对了关于孩子、学习需求和择校的困难选择。

然而，在详细谈论孩子的择校决策之前，我们先通过一个研究结果来对比一下家庭因素和学校因素在孩子教育中的影响。在一项针对一万多名学生及其父母、老师和学校管理人员的学术成就研究中，研究人员比较了他们所谓的"家庭社会资本"和"学校社会资本"。家庭社会资本包括家庭的信任、沟通和对学术活动的参与度。学校社会资本包括学习环境、课外活动、老师的精神面貌，以及老师满足孩子个体需求的能力。

结果显示，学校的教育质量固然重要，但远不及家庭支持与家人间的亲密关系重要。对于那些担忧无法将孩子送到贵族私立学校的父母，或者认为要想让孩子接受更好的公立学校教育就不得不购买价格昂贵的学区房的父母来说，这条消息令人鼓舞。

当然，理想情况下，父母都希望为孩子提供最佳的家庭氛围和学校环境。但是，判断哪所学校或哪些课程最好，是否值得为了长远打算而改变现状，可能令父母备感困惑。

例如，诺琳在当地小学过得很开心，课外则忙着学习音乐和第二外语，但老师建议她利用课余时间参加拓展课程。再如，迈克尔的父母想让孩子上公立学校，朋友却告诉他们，私立学校能更好地促进孩子的智力发展。又如，贾冯被设有高阶课程的学校录取，但这意味着他必须要转学，离开熟悉的朋友，也会因路远改为乘坐校车上下学，那么父母是否该为他办理转学呢？面对上述情况，各个家庭应该怎么选择？要考虑哪些因素才能做出最佳决策？下面的章节将会探讨类似的情况。

> "明智决策的关键不在于知识，而在于对孩子的理解。我们过于重视前者，却极度忽视后者。"
> ——马尔科姆·格拉德威尔

第七章　帮助孩子选择合适的学校

我们与父母、孩子和教育工作者的沟通大部分选在多伦多、伦敦和纽约，这些城市地理位置优越，拥有无数的教育资源和学习方式：公立教育、私立教育、教会教育、线上教育等多种形式的教育。当然，并非所有的市区学校都好，但其中确实有很多不错的选择。与此同时，在一些偏远社区，我们也发现了一些支持孩子发展的最有创意的解决方案。我们也切身地了解到，每种选择都有其自身的局限、优势和挑战。面对的选择越多，父母的决策过程可能就越煎熬。

即便是在选择较少的地方，父母仍需要做出重要决策。家住农村或郊区的父母（或因其他情况导致特定年龄或特定能力水平的孩子可选择的学校有限）也可以发挥积极的推动作用，或在家教育孩子，或考虑搬家到其他社区，前往不同类型的学校就读，或提供一些更具挑战性的学习经历以对孩子的教育进行补充，如在线学习、暑期课程、课外活动、旅行和冒险以及其他创造性活动。

好学校、差学校和普通学校

学校理应成为孩子发展读写能力、计算能力以及其他能力的地方。学校也应该成为孩子学习探索、发展个性、快乐成长、学会反思、体验靠努力和毅力获得回报的地方。好学校到底什么样？父母又该如何评估学校的好坏？

对国际范围内的教育成果进行比较之后,结果表明,老师的能力远比父母为孩子择校时常关注的其他变量(例如,班级规模、体育课程数量、野外徒步考察次数或先进设备的数量等变量)更重要。阿曼达·里普利在《世界上最聪明的孩子的成功之路》(*The Smartest Kids in the World and How They Got That Way*)一书中写道:"最明智的国家会优先考虑老师的薪酬和教育公平(将更多资源分配给最需要的学生)。要想探索世界一流的教育,请记住,老师远比设备更重要。"

清单:好学校的构成要素

教育心理学家马里卡·金特里认为,在一所好学校(她将其描述为"优质"的学校)里,学生可以:

- 学习思考,将知识应用于新情境。
- 积极参与学习,对学习有兴趣。
- 在学习方法和知识积累方面有个人收获。
- 有了解并关心他们的老师和教辅人员。
- 培养"我能"的学习态度,提高学习效率;并为校外的成功做好准备。

第七章　帮助孩子选择合适的学校

我们向一个大型城市学区教育论坛里的 200 名父母描述了这些好学校的特征，并询问他们，如果使用这些标准评估，他们的孩子上的学校能否算作一所好学校。结果令人沮丧，只有 15% 的父母给予了肯定的回答。我们又问了其他几组父母同样的问题，可悲的是，结果大同小异。

这些发现又促使我们向数百名父母、老师、校长和学生询问哪些因素对支持孩子发展至关重要，并将收集到的回答写进了关于优质学校的研究文献里。为了帮助父母在做择校决策的过程中全面考量每个潜在的学校或学校课程，我们设计了一个测试：

测试：学校是否支持孩子的最佳发展

请选择"是"或"大多是"或"否"。

1. 孩子是否感到安全、有保障？（"是""大多是""否"）
2. 所有学生是否会在诸多不同的学科领域里遇到挑战？（"是""大多是""否"）
3. 学生能否尽其所能，学有所成？（"是""大多是""否"）
4. 老师是否鼓励学生的努力拼搏和智力冒险精神？（"是""大多是""否"）
5. 对成功的衡量是否有明确和可实现的目标？（"是""大

多是""否")

6. 是否根据需要制定、监控和调整分组实践，是否认识到孩子的学习速率是动态的而非静态的？（"是""大多是""否"）

7. 老师是否受过良好的培训（包括差异化教学培训），是否鼓励老师进行高水平的专业发展？（"是""大多是""否"）

8. 老师是否尊重和理解孩子的多样性，包括高阶学习需求？（"是""大多是""否"）

9. 是否欢迎父母、孩子、老师、管理人员进行公开交流？（"是""大多是""否"）

10. 利益相关者是否共同承担责任，创造一个包容和协作的学校氛围？（"是""大多是""否"）

给每一项的回答赋分（"否"1分，"是"3分，"大多是"2分），将得分进行汇总，可以初步了解孩子所在学校的表现。父母要认识到，能满足所有这些标准的满分学校几乎没有。但父母可以将此测试视为一个起点，思考某所学校能否支持孩子的最佳发展。

优质学校确实存在。但遗憾的是，这类学习环境往往更像是特例，而非惯例。也就是说，我们其实有可能实现上述测试所列的因素，从而创建一所优质学校。而明智的父母会大大增加实现此种情况的可能性。

父母也可以基于孩子的学习需求，根据自身优先考虑的事项，列出自己的清单，或者也可对我们提供的清单进行调整。如果没能满足优先需求，那就应该考虑是否需要采取相应举措，比如倡导学校进行改变，或者更换学校。

考虑可能的选择

弗兰克·劳埃德·赖特说过："真相远比事实更重要。"虽然有些学校的学习环境确实优于其他学校，但在特定时期适合特定孩子发展的学校才是好学校，这才是择校的重中之重。这样的好学校可能与他人关于"事实"的认知相符，也可能不符，也可能与最重要的影响因素的标准相符或不符，如最高的学术水准、精心维护的建筑和场地、最著名的运动团队或社区内最好的声誉。什么是好学校并没有举世公认的统一答案，也没有放之四海而皆准的适合所有人的答案。

以下是一个家庭的商议过程：

> 蒂姆今年12岁，上七年级。他最近参加了一次英语语言测试，老师说他成绩优异，完全可以转入邻校学习高级语言艺术课程。一些老师也向他父母施压，建议给孩子转学，但他父母并不确定这样做是否明智。他们告诉我们，不能指望蒂姆在智力上一直受到刺激和挑战，他必须学会如何处理这个现实。

他们说："对于我们所处的世界而言，全面发展很重要。如果他在学校感到无聊，我们可以帮助他探索一些课外活动，以便让他不断接受挑战，保持学习进步。但转校去学高级语言艺术课程可能会让他自命不凡，也可能会忽略数学、科学等其他重要科目的学习。"

人们在这类事情上往往反应强烈，但我们的经验表明，蒂姆的父母无论如何选择都没有对错之分。因为他们关注的是孩子的长期幸福、发展学术的能力和良好的思维习惯，所以我们认为，无论他们如何选择，都会收获好的结果。

做决策不仅需要仔细考量，还需要关注孩子的性格、兴趣、能力和学习要求。每个孩子都是独一无二的。有些孩子适合在轻松的环境中茁壮成长，他们可以自由选择参加什么课程、何时上课以及是否要做家庭作业。但有些孩子只有在严加管教之下才会乖乖听话，因此需要老师和父母给他们设定目标并再三申明。随着孩子的成长，这些偏好也会发生变化，即便是同一个家庭的孩子也可能存在差异。

罗宾起初钟爱阅读，在学习上很刻苦，但当老师试图对她的学习加以控制时，她觉得自己受到了侮辱。如果老师允许她根据自己的兴趣自主选择挑战性学习材料，她会觉得自己受到了尊重，并且能学得很好。她希望可以自己安排日程，如果

第七章　帮助孩子选择合适的学校

能与老师协商出勤、作业和课程学分，则效果最佳。

罗宾的妹妹艾琳却喜欢严格执行规则。她有自知之明，知道如果规则松散，自己就会松懈。因此艾琳挑选的学校不仅需要穿统一校服，并且在课程选择或其他决定上也没有什么灵活性。这种方式非常适合艾琳，却会让罗宾苦不堪言。

同一家庭中的姐妹却有两种完全不同的学校经历，这就说明一所学校"优质"与否要取决于孩子自身的特点、学习特点及其发展过程中的种种需求。

无论是选班级（例如，是否选择有特殊课程的班级），还是选学校（例如，公立、私立或特许学校）都要根据孩子的个人特点，视具体情况而定。如果想做出最佳选择，父母就要跟孩子一起商讨，充分考虑可选学校的优缺点，选择在特定时间点适用于特定环境中的特定孩子的特定学校。

父母的要务之一是培养孩子扎实的决策能力。小时候，孩子需要父母为其做出如择校之类的重大决定。然而，随着年龄的增长，父母再为孩子做决策时，可以征求他们的想法和感受，将其作为决策过程的重要参考。进入青春期后，父母应给予孩子更多的决策权。到了高中后期，凡是与学校教育相关的决定，孩子都应该发挥重要作用。不管孩子多大，学习成绩多优秀，决策能力与其他能力一样，都是一项必须掌握的能力。

有哪些择校选择

父母都非常清楚，自己的选择会对孩子的生活产生巨大影响。虽然多数的选择都可以更改（如果发现选择的学校不合适，孩子可以直接转学），但正确择校仍很重要，毕竟没有父母愿意冒着让孩子经受痛苦，或者推翻决策重新来过的风险。

> "选择是命运的铰链。"
> ——毕达哥拉斯

在决策过程中，为了便于参考，我们对许多可供选择的学校进行了大致的介绍。关键要记住，这些选择本身没有好坏之分。某一选择是否适合某个孩子取决于其性格、年龄、优势、兴趣领域以及学校离家的距离等许多因素。

公立学校的老师相比私立学校更精通特殊教育知识，有更广泛的专业学习和网络培训机会，更懂得如何对教学进行调整以满足孩子独特的学习需求。因此，在对待个性化差异上，公立学校的学校环境要优于多数私立学校。一个孩子的发展需求（无论是高阶学习需求还是其他需求）越特殊，他的家庭就越应该更多地考虑公立学校。然而，从另一方面讲，相比其他学校，公立学校的老师受到课程准则和工会严格限制的概率也要更大，使他们无法为孩子提供不同的学习机会。

第七章　帮助孩子选择合适的学校

私立学校通常在促进孩子智力发展方面做得非常出色，重视各学科领域的高水平成就。有许多私立学校可以很好地满足学生特定的学习需求，某些私立学校所营造的充满竞争性的学习环境对成绩优异、积极进取的孩子很有吸引力。例如，优秀的私立学校通常能为孩子提供极好的体育学习机会，公立学校的孩子却只能在课外获得这些锻炼机会。

特许学校在某些方面为公立和私立学校树立了最好的典范。它们由公共资金资助，比多数私立学校更具包容性。特许学校往往摆脱了公立教育制度和工会规则的许多束缚，从而赋予老师更多的教学自主性和教育创新机会。但与其他类型的学校相比，特许学校彼此间的差别更大。每所特许学校都有自己独特的教学方法，建立了独特的学校文化，因此在选择特许学校时，考虑得要比其他学校类型更仔细。

资优教育范围很广，既包含那些全部由选拔出来的资优学生组成的学校，也包含混合了专门为高阶学习需求者提供全日制资优课程和其他类型班级的学校，还包含那些每周一小时的课程或其他非全日制课程。教学方式也灵活多样，有完成本年级常规水平的学习任务，但更多的是要参与一些与通常的年级要求脱节的完全不同的课程。在某些情况下，资优教育课程对于一些孩子是救命稻草，但也可能给其他孩子带来严重问题。我们在《明智地看待资优教育》（*Being Smart about Gifted Education*）一书中对这个话题进行了更全面的讨论。

超前教育不单指跳级，尽管跳级是其中一种形式，但超前教育还包含其他的形式：特定学科上的超前（例如，仅数学学科上超前）；提前进入小学、初中或高中进行学习。如果应用得法，超前教育是一种可行的、节约成本的方式，可以为高阶学习需求者提供所需的挑战。

在**语言沉浸式和双轨制课程**中，学生要在几年内学习两种或多种语言。通常情况下，部分或全部基础学科（如数学、地理、历史等）采用英语以外的其他语言授课。因为要挑战额外的语言难点，一般学术课程的学习时间被压缩，因此很少有时间和机会充实和加速语言以外的学科领域。所以，对于那些对语言以外的科目更感兴趣的孩子来说，这些课程可能会导致很多问题。然而，对语言感兴趣的孩子则可能会从这些课程中受益良多，这些课程可以扩展他们的世界，增加其未来发展的可能性。

重点专科学校致力于培养非学术科目领域的人才，如音乐、视觉艺术、体育、领导力或戏剧艺术。与语言沉浸式和双轨制课程一样，重点专科学校的课程如果能与孩子的优势和兴趣领域相匹配，会取得极好的效果，但是如果不适合特定个体，就会出现严重问题。

磁铁学校（有吸引力的学校）和课程通常专注于一个或多个学科领域，例如表演艺术、科学、技术或数学。学生进入此类学校需满足入学要求，通常要通过面试或其他能展示其能力和动力的证明。当磁铁学校的课程与学生的兴趣和能力相吻合时，就可以满足其高阶学习需求。

非传统学校是指试图满足常规学校没法实现的教学方法或学习需求的学校，既可以是公立学校也可以是私立学校。与特许学校一样，校内的行政人员和老师往往拥有更多的自主权，这导致了不同非传统学校间巨大的差异。与其他类型的学校相比，选择非传统学校需要更仔细的考虑和更全面的调查。

国际文凭课程是一门国际管理课程，开设于高中的最后两年，有些学校甚至从幼儿园阶段就开始准备。国际文凭课程以学术探究为基础，有很高的学术要求，可以为学生提供丰富的学习体验。国际文凭课程提供国际公认的大学入学证书，对于高阶学习需求者来说，性价比很高。其缺点是，对于那些智力超群、独立自主、渴望选择自己的重点学习领域的学生来说，该课程往往过于僵化和局限。

大学先修课程是另一个可被考虑的选择，是为高中生开设的大学水平课程。课程选择范围包括数学、物理、艺术、哲学、心理学等。各学校的课程在挑战难度和教学方法上有很大差异，并且（与任何教育选择一样）老师的授课水平也发挥着至关重要的作用。

蒙台梭利学校旨在充分满足孩子的个体学习需求，使每个孩子都能在感兴趣的领域中迎接一系列的学习挑战。如果课程设计真正遵循蒙台梭利的哲学理念，或者以采取符合其理念的方式进行调整，会促进孩子独立性、自主性和自信心的发展。蒙台梭利学校对个性化的学习需求和兴趣能做出快速积极的反应，因此对能力出众的孩子特别有益。

居家教育非常适用于那些有特殊学习需求、难以找到合适学校的孩子。孩子正经历过渡期或脆弱期，或者父母认为他们正专注于某种富有成效的学习探索时（可能花费几个月甚至几年的时间），居家教育会非常有效，但也可能妨碍孩子的学业。

> 安迪在快升高中毕业班时，想自主研究、设计和开发一辆汽车。他的父母也认为这想法可行，所以在接下来的一年里，安迪没有去上学，他对汽车工程和技术进行了仔细的研究学习，然后自己在车库里制造汽车。有时，邻居的孩子会过来看看进展，也会搭把手。安迪喜欢这种既有自主性又能与他人互动的学习方式，更重要的是，他很享受发挥自己的创造性天赋去学习自己感兴趣的东西，将认真学习与创造发明相结合。他最终成功制作并卖掉了这辆车，并从此次经历中学到了很多。

有时，孩子可先居家学习一段时间，然后再去学校进行某一科或某几科的学习。居家教育的倡导者通常建议，开始实施居家教育之前先与其他开展居家教育的父母建立联系网络，并在居家教育的整个过程中保持联系以获得支持。

第七章　帮助孩子选择合适的学校

择校决策的 4 种依据

关于学校和教育课程的信息种类如此繁多（包括书籍、文章、网络以及其他人出于善意提供的信息），父母可能难以辨别到底要注意什么、相信什么以及如何做出选择。而对于像择校这种存在潜在高风险的决策，应该尽可能地在个人偏好和经验的基础上辅以可靠的证据。

> "一般来说，谁掌握的信息最多，谁就能获得最大的成功。"
> ——本杰明·迪斯雷利

当处在难以决策的困境中时，学会辨别 4 种依据类型可能会有所助益。

第一种依据是基于个人或他人经验的逸事型证据。书中列举的安迪设计汽车的故事、蒂姆是否要转学的故事以及其他父母、老师关于孩子的叙述，都是逸事型证据的例子。这类故事可以阐明观点，提高对相关问题的认识，也会引发对其他相关问题的讨论。虽然此类证据可能极具说服力（这就是为什么如此多的记者和政治家依赖此类证据），但单凭这种证据不足以做出有效的概括，也不足以做出明智的决策。

第二种依据是理论型证据。此类证据结合了一个或多个研究领域的相关知识，如教育学、神经病学、心理学等。例如，霍华德·加德纳在其多元智能理论中提出，每个人在不同领域有不同的能力特征，这与一个人在所有领域都聪明（或不聪明）的观点形成了鲜明的对比。比如，罗伯特在学校选择上的艰难经历（虽然他的数学遥遥领先，其他科目则不然），以及卡琳对语言和戏剧的热爱。将多元智能理论应用到这些案例中，有助于确保孩子的学习需求得到满足。

理论型证据比逸事型证据更抽象也更复杂，它不容易被理解，实际含义也更隐晦，但是它可以帮助父母更客观、更有创造性和批判性地思考并决定孩子的学校。

第三种依据是经验型证据。这类证据是通过系统性地收集明确界定的研究问题的信息而得出的。通过收集、分析和解释证据，可用来证实或反驳有关问题的先验知识。例如，关于咖啡因、利他林或鱼油对大脑功能影响的相关研究，可以揭示饮食习惯、药物或营养补充剂如何影响孩子的学习。良好的经验型证据对做出合理的决策至关重要，特别是当涉及孩子发展的具体细节时。当我们谈论家庭和学校的最佳教育实践时，会提到经验型证据，比如在孩子早期为其提供丰富的语言环境，或者更多地关注加速教育，将作为支持其高阶学习需求的一种选择。

第四种依据是经过实证验证的理论，这是所有证据中最有说服力的一种类型。它综合了理论型证据和经验型证据，又通常用逸事型证据来说明。例如，卡罗尔·德韦克和她的同事在30多年间进行了数十项实证研究，最终他们提出了一套"思维模式"的理论。

在她的书《终身成长》(*Mindset*)中，德韦克列举了诸多真人逸事，描述了该理论的实际应用。思维模式理论对父母支持孩子的高水平发展具有重要意义。本书以多种方式对这一理论进行了介绍，例如之前提到的保拉和亚历山大的案例：保拉拥有成长型思维模式，却被拥有固定型思维模式的学校逐渐削弱；亚历山大的固定型思维模式诱发了他对失败的恐惧。

我们可以在不同的信息来源中找到这4类证据。信息来源中的逸事型证据越多，证据可能就越不可靠。

做教育决策可参考的信息来源有很多，例如与其他父母在校园内的闲聊，浏览日报和育儿博客、操作指南、杂志专题和学术书籍，查阅学术期刊上经教育同行评审后发表的文章以及详细的研究报告。此外，与学校工作人员（校长、老师、秘书）进行交谈，或者查看学校的相关文献也非常有用。对于这些信息来源，就像对待所有其他信息来源一样，明智的做法是认真思考这些证据类型，既要对其持怀疑态度，又要保持一个开放的心态。

单靠学校，远远不够

阿瑟·柯南·道尔写道："给我难题，给我工作，给我最深奥的密码，或者最复杂的分析，这样我才觉得最舒适……我非常憎恶平淡枯燥的生活，我渴望精神上的兴奋。"对于那些像福尔摩斯的创作者一样需要智力挑战的人来说，单靠学校是远远不够的。没有一所学校能够满足这种强烈的、永不满足的智力挑战需求。对于像阿瑟·柯南·道尔的孩子以及那些所在的学校表现尚可但还不够出色的孩子来说，父母必须看得更长远一些。课外活动可以补充学校学习的不足，给孩子提供一个发展才能，拓宽兴趣，挑战头脑，并扩展学习热情的平台。

课堂以外的生活将现实世界中的经验、成就以及有意义的想法与孩子的学业联系起来，使学习具有了与现实的相关性。游戏、课外活动、参观剧院、欣赏体育赛事、家庭聚会、参与社区活动以及担任领导角色，都可以对学校学习进行有益补充。课外活动可以提高孩子在学校的参与度，并弥补学校生活中可能缺失的那些东西。

任何领域都可以为孩子提供学习机会：艺术活动、创业活动、社会活动、体育活动、学术活动以及娱乐活动等，凡是你能想到的领域都可以。通过在线搜索或浏览报纸或学校公告，与家人、朋友、企业、政治实体以及其他的社交圈子建立联系，父母和孩子可以找到无限的学习可能性。从各种不同的具有创新意义的挑战中，孩子可以获得乐趣，同时能够认识一些志趣相投、能力相近的同龄人，分享乐趣。

父母和孩子对教育、课外拓展和学习进行创造性的思考时，就开启了通往无限可能性的大门。

高中生马修和阿萨德读了一篇关于如何将气球送入太空

的文章，于是决定亲自动手设计制作一款属于自己的气球。他们熬了几个晚上和几个周末，自制了降落伞，安装了相机，还把一个乐高积木人（手持加拿大国旗）牢牢地贴在表面。他们对大气条件进行监测，当条件合适时，将自制的气球放飞。气球飞得要比普通商用飞机高出3倍，从这个高度传输回来的照片令人叹为观止。地球的曲线清晰可见，全景景观和云层图像令人赞叹不已。几天后，他们到一个远处的旷野回收了相机、降落伞和乐高积木人。

在完成项目的几个月里，马修和阿萨德不仅学到了很多，取得的成果也让他们成就感十足。他们的行为引起了媒体极大的兴趣，多伦多大学邀请他们入校进行照片展示。他们还应邀给大型飞机制造商庞巴迪公司的董事会做了演讲。

马修和阿萨德用气球放飞乐高积木人也给其他人带来了很大的激励和鼓舞。现在两人正忙着指导其他孩子，使他们也能体验到将挑战做到难以想象的高度所带来的兴奋感。

导师制可以为孩子提供极好的机会，促使他们与志趣相投的人在共同的领域相互支持、合作发展。导师可以在商业、政治、科学、艺术以及年轻人热衷学习的任何领域提供指导、启发、智力挑战和实践知识。导师来自各行各业，指导模式也多种多样。

择优选择线上学习也会带来很多好处。以安迪为期一年的居家学习经历为例，他本身精通计算机，于是就利用线上资源学习汽车制造细则。除了设计、制造和营销他那独一无二的汽车，他还经营了一家企业，为个人或小公司解决电脑故障、开发门户网站。从那时起，他走遍了大半个地球，积极主动地与其他公司展开合作，积累了广泛的人脉，后来他出售了自己开发的线上业务，并成为南美洲某个智囊团的一员。

有时，明智的父母可以找到一些方法，帮助孩子探索和发展自己感兴趣的领域，帮助他们实现梦想。以下两个故事就很好地说明，那些不需要投入过多金钱却具有创新意义的决策，也能够推动孩子钻研他们的兴趣。

第一则故事是一位母亲讲述她如何帮助女儿，将其对艺术表演的兴趣转化为一次令人兴奋的学习体验。

玛尔塔对戏剧一直很感兴趣。我看到她非常喜欢一部戏剧的海报，就打电话咨询剧院，是否允许学生参观和进入后台学习。我发现，当地剧院不仅在演出开始前几分钟会售卖廉价的学生票，还允许学生在演出前进行问卷调查、研究戏剧角色以及练习创作剧本。玛尔塔很乐于探索演出风格和舞台设计元素，并学习如何利用戏剧来深入研究与生活相关的问题。

不久前，玛尔塔从一部涉及老城区青年的种族问题和暴力行为的戏剧中获得了灵感，写了两个关于这些问题的短剧本，投给了当地的一家广播电台。电台请她对剧本进行录音，有些片段她还邀请同学一起表演，全校都得以收听她的作品。

现在玛尔塔正在领导一个青年论坛委员会，共同创作一部关于城市暴力的原创戏剧。

玛尔塔不仅挑战了自我，也变得更有社会意识和同情心了。她通过戏剧爱好发展了自己的技能，还与其他孩子分享了自己的收获。我希望她能继续探索未来成长的方向，无论是艺术还是其他方面。

在第二则故事中，李的父亲描述了儿子的课外活动是如何丰富其学习体验、促进其个人成长以及领导力发展的：

李对大自然很着迷。当我们一家人第一次去动物园时，他就被喜马拉雅塔尔羊深深地吸引了。要观看这种异国情调的山羊只能乘坐公园专用车，坐到远处某个有利位置观看，并且到了冬季，游览路径太过危险，车辆无法运行，因此游客们都对这种动物知之甚少。

十一岁时，李给动物园发了封电子邮件，想看看如何才能改善这种情况。他认为这么有趣的动物，应当让更多的人知道才行。园长邀请我们全家参加了一次个性化的幕后参观，我们也因此得以更近地欣赏到喜马拉雅塔尔羊群。

教育中心的工作人员还为李提供了一个志愿者岗位，在那里他自然而然地获得了许多指导机会。自那以后，他一直在做志愿者，回家后经常会说一些很有意思的动物趣闻，如红毛猩猩爱嚼泡泡糖、怀孕的大猩猩喝花草茶、长颈鹿和大象吃洋葱等。

去年，李注意到很多游客往动物笼子里乱扔杂物，他担心这会危及动物的身体健康。目前，他正在忙着训练这群灵长类动物，想教他们学会把杂物扔给工作人员，来换取零食。他笑着描述黛西（一只猩猩）的滑稽行为：有个游客的钱包掉进了黛西的笼子里，她捡了起来。有意思的是，她并没有直接把钱包交给工作人员，而是把里面的东西一个接一个地拿出来，想换取更多的零食。

受到动物园志愿服务经历的激励后，李在学校成立了一个隶属于世界自然基金会的俱乐部，他还正在为动物园筹措购买一辆有防冻装置的观光车。不出所料，他今后也想从事动物心理学方面的工作。

这种基于社区的学习体验，以一种意想不到的方式，丰富了像玛尔塔和李这样的孩子的生活（既丰富了他们自己的生活，也丰富了他人的生活）。

清单：面向社区的学习选择

面向社区的学习选择有很多，包括但不限于：

- 音乐：演奏乐器，或参加合唱团、乐队、节日聚会或其他类型的音乐合奏。
- 体育活动：舞蹈，体操，团体和个人运动，武术，游泳，滑冰，跑步，散步，瑜伽。
- 文化机构：参观各种类型的博物馆，动物园，历史中心，档案馆。
- 剧院：学习服装设计，化妆，滑稽表演，剧本写作，灯光布置，布景设计和施工，木偶和表演艺术。
- 艺术：学习绘画，雕塑，摄影，马赛克，参观艺术画廊。
- 手工艺：学习木工，陶工，绗缝，模型制作，珠宝设计，折纸。
- 写作：撰写文章、故事、诗歌，投稿给社区报纸、期刊、写作比赛、网站或书店。
- 机器人：围绕机器人竞赛以及科技馆进行活动，尝试学习、设计和制造。
- 领导力：训练指导，教学辅导，担当宗教、文化、体育或其他社区组织的领导角色。

- 俱乐部：参加当地社区中心和图书馆的各类俱乐部，如国际象棋，天文学，烹饪，辩论，计算机，读书小组。
- 社区服务：地方的、政治的或全球性的事业。
- 营地：皮划艇，射箭，足球，曲棍球，骑马。
- 比赛：参加各种级别的竞赛，从地区性竞赛到国际型大赛；写作、地理、数学、艺术、体育、科学、技术、设计、工程等方面的竞赛。

择校的困境与抉择

罗伯特·弗罗斯特写道："我们围成圆圈跳舞，心中揣度；秘密安坐中央，洞悉一切。"但我们穷极所学也压根找不到这种端坐中央、洞悉一切的奥秘。父母必须自己先弄清楚，再和孩子一起正确地选择学习课程和学校。但是，父母最终该如何选出最利于孩子发展的学校呢？既要平衡孩子的学业、智力、动机、社交、身体和情感需求，又要考虑所花费的时间和金钱，怎样选出最合适的学校呢？

首先要缩小选择范围，确定几个相对不错的选择，然后对学校的文化进行更仔细的研究。有些学校高度重视孩子的智力发展，有些则不然。有些学校更重视孩子的社交和情感健康，有些学校则更重视孩子运动能力的发展。做出正确选择的关键是，确保孩子的兴趣与学校文化相匹配。

最后的筛选环节可以从对校长的考察开始。通常情况下，校长负责雇用老师、监督学校的日常支出和落实管理侧重点，并有权决定是否该支持老师的专业发展以及互相合作。是否该为有高阶学习需求的孩子提供特殊的学习挑战？校长在这一问题上的看法能初步反映学校会如何满足孩子的高阶学习需求。

明智的父母会意识到孩子的教育决策极其艰难，因为它涉及多个方面且又如此复杂。而父母能做的就是：尽其所能地了解可能的选择；仔细筛选相关证据；既要考虑孩子的心理、社交、身体和情感需求，还要考虑孩子的学习需求；咨询真正重要的人（包括孩子）；然后深呼吸，跟孩子一起做出选择。之后，父母和孩子必须相信自己拥有向前迈进所需要的一切能力和条件。如果由于某种原因导致所做出的选择效果不佳，还可以重新进行评估，反思经验所得，重新考虑相关证据，并调整自己的精力。

养育的秘诀

1. 学校的水平差异体现在很多不同方面。请参阅上文测验表单对学校进行评估，以衡量学校的能力建构和培养环境。

2. 没有一所学校可以适合所有的孩子。选择学校时，应考虑孩子的个性、社交和情感发展、兴趣和能力。

3. 随着孩子兴趣和能力的发展，或者随着学校的发展变化，当前适合孩子的学校将来并不见得一定适合。密切关注，对随时间推移而发生的变化做出及时的反应。

4. 决策能力是一项需要尽早学习的技能。随着孩子的成长，应让其承担更多的决策责任。

5. 学校的教育选择包括：公立学校、私立学校、特许学校、资优教育、超前教育、语言沉浸式和双轨制课程、重点专科学校、磁铁学校、非传统学校、国际文凭课程、大学先修课程、蒙台梭利学校、居家教育等。

6. 每种依据类型（逸事型证据、理论型证据、经验型证据和经实证验证的理论）都有助于父母了解需要的或想知道的有关子女教育选择的内容。每种依据类型都很有价值，也有一定的局限性，最好搭配使用。

7. 学校不可能提供孩子所需的所有挑战和教育。传统的课堂之外还有无限的学习机会。
8. 为孩子选择学校时要综合考虑各种因素；考虑包括行政领导在内的学校文化；考虑孩子的兴趣和能力，以及家庭、经济、地理和教育方面的限制；并相信必要时有能力更改选择。

当然，找到一个好的学校（孩子和学校文化之间有良好契合度）只是促进孩子发展的因素之一。下一章将探讨能力超群的孩子可能会面临的问题。

第八章

帮助孩子管理情绪

第八章　帮助孩子管理情绪

> "最近我遇到了孩子以前的老师。她询问了孩子的近况,提到上学时他在班上不太听话。'哦,真的吗?'我回答,'现在他在哈佛法学院。'"
> ——雷娜塔

一般而言,智力水平的高低与社交和情绪问题并不相关。尽管如此,与众不同的孩子(包括学习成绩更好,或对知识概念理解更透彻的孩子)确实会面临一些社交和情绪上的挑战。

孩子在同龄人中遥遥领先,父母往往会产生社交能力和情绪健康方面的疑问,比如,"如果孩子不合群怎么办?""怎样才能确保他不会感觉无聊呢?""他为什么做事拖拖拉拉的?""他为什么总是走捷径呢?"在本章中,我们对可能困扰孩子和父母的问题进行了思考,也提出了许多对策,帮助父母应对孩子智力培养过程中持续出现的各项挑战。

父母要审视自己的推论和假设

基于孩子的行为所做的错误推论和假设会产生一些复杂问题。以下是我们记录在案的 5 个案例：

1. 山姆成绩优异，但不做作业。是因为傲慢？懒惰？还是因为他对时间该如何分配另有打算？
2. 科林在阅读进度上总是遥遥领先于组内其他同学，所以他总是比其他同学更了解之后的故事情节。他是爱炫耀吗？想显得比别人聪明吗？还是说，他只是热爱学习、阅读时十分专注呢？
3. 谢尔比做作业时不允许有任何打扰。是她掌控欲太强？还是因为焦虑？或者她只是专注于自己当下在做的事呢？
4. 图拉同时做了 4 个不同的研究课题。是她太过浮躁？容易分心？还是说，她是个多才多艺的女孩（对很多事情都抱有强烈的好奇心）？
5. 阿尼尔喜欢独自学习，也不与同学一起参与课堂活动。他是害羞？还是不屑一顾？还是说，他想更有效率地支配自己的时间，因为他觉得自己学习效果会更好，效率会更高？

以上的推论都合情合理，但是在未经进一步调查之前，谁都无法确定某一特定解释是否适用于特定情况。

孩子不做作业，有时的确是因为傲慢；有时也可能是因为懒惰，或者不想显得自己太聪明；也可能是因为作业太难了，又没人帮忙，或者他不愿意寻求帮助；还可能是因为孩子在家没有安静的地方写作业；还有些孩子觉得作业无聊透顶，想把时间花在更有用、更有趣或更具有吸引力的事情上。

> *"越不受质疑的假设往往越有问题。"*
> ——保拉·布罗卡

在某些方面与众不同的孩子（包括学习成绩远远领先于其他同学的孩子）更容易遭受误解。即使是逃避家庭作业之类的"正常"行为，他们的行为动机和担忧/关注也可能非同寻常。父母要审视自己的推论、假设和看法，竭尽全力地找出孩子行为背后的真相，为孩子提供帮助。

清单：孩子出现问题时要问的 5 个问题

担心孩子遇到困难的父母，可以先问自己几个简单却重要的问题，再逐渐找到解决方案。问题如下：

1. "问题到底出在哪里？"
2. "这真的是个问题吗？"
3. "如果是，那是谁的问题呢？"
4. "我们能帮上什么忙吗？"
5. "到了该寻求专业人士帮助的时候了吗？"

要想解决问题，先得清楚地识别和充分理解问题，因此，清单的前3个问题侧重于找到问题，发现问题的本质。很多时候，这3个问题的答案就能很好地暴露出人们的偏见（未经检验的推论、假设和有潜在缺陷的看法），从而使人们对当前的问题理解得更透彻。

清单的后2个问题则侧重于解决问题。第4个问题（关于父母如何提供帮助）的最佳答案要具体且符合实际情况，并充分尊重孩子不断发展的个性。

一旦前4个问题得到解决，父母了解了问题的本质，明确自己该如何为孩子提供帮助，就能更明确地知道是否需要寻求专业人士的帮助。根据孩子的情况，可以求助教育心理学家、学习专家、导师、精神病学家、社会工作者或其他具有评估和解决当前问题的专业知识的人。

围绕清单上的这5个基本问题，我们探讨了与孩子情绪发展有关的关键问题，因为它与孩子高层次能力的发展密切相关。我们要特别关注父母在预防和解决孩子可能出现的情绪问题方面所发挥的作用。

第八章 帮助孩子管理情绪

与众不同的孩子

对特殊的（包括智商超群的）学习者而言，最显著的问题就是因异于他人而产生的不适感。这种不适感对任何年龄段的孩子来说都是痛苦的，而最煎熬的时间节点往往出现在青春期早期（11岁到14岁），此时同龄人的认同对孩子的自尊至关重要。这一时期是孩子认识自己的关键期，他们既强烈关注自己的独特性，希望博得他人关注；又想同其他人一样，融入群体。那些在某些方面与众不同的孩子虽然在独特性方面具有优势，但在融入群体方面很受打击。

> "如果你需要人来了解情况，我愿意与你分享我生活中99%的痛苦经历。"
> ——卡拉

有时孩子会试图隐藏那些使他们异于常人的方面。

小女孩珍妮特今年12岁，好奇心很强，喜欢各种科学活动和悬疑书籍。她虽然非常关心环境和动物保护问题，却很少与其他人谈论。按照老师的评价，她不愿担任班干部，课堂讨论也贡献甚微。她总是设法让自己看上去没那么有见识。即使考试取得高分，也会迅速把成绩单收进背包，不想让同学知道。

有时孩子不想表现得比别人聪明。他们会因异于他人而觉得尴尬或不够酷。尤其是那些聪明的女孩子，当她们进入青春期后，往往会经历艰难的过渡期。在这一时期，她们的自尊心可能会下降，于是，一些像珍妮特那样的儿童和青少年，为了避免与同龄人格格不入，能更好地融入集体，会特意隐藏自己的优点和才能。

这种因自身能力非凡而产生的异于他人的不适感，并没有什么简单的解决办法，只能等孩子逐渐学会自我接纳才有可能解决。孩子能力越是出众，事情就越是如此。一种解决方法是帮助孩子结识同等水平的同龄人，这也是倡导对资优儿童实行分类教学的原因之一。许多父母将此类课程视为孩子的救星。

然而，悲哀的是，即便是资优教育，也会强化孩子这种格格不入的差异感，因为与大多数班级的孩子一样，资优班级内的孩子能力差距也很大（本身的能力起点就高于其他班级，而之后其水平仍要高于其他班级），那些明显强于同龄人的孩子会发现，在资优班级里他们仍然不能如愿结识到能力相当的同学。在每个资优班级中，都会有些孩子在某个学科上远远领先于其他同学。

而无论孩子的领先程度如何，若想结识能力相当的小伙伴，参加课外兴趣小组以及专注于激发孩子学习热情的活动，都是不错的选择。线上学习活动、暑期学习活动、国际竞赛以及人才搜寻活动等，都极大地增加了孩子找到志同道合的伙伴的可能性。

除了要结识能力相当的小伙伴外，父母要让孩子意识到，每个人都是独一无二的个体，各有各的优缺点，以此来帮助缓解孩子的那种格格不入的不适感。对于发现的问题再思考,"这真的是个问题吗?"可能就会得出解决方案。

因个人兴趣和优势而遭排斥,可不是微不足道的小事。排斥感具有摧毁孩子的力量(尤其是在青春期早期),不容小觑。父母在引导孩子方面发挥着重要作用,要使孩子积极地看待自己和别人的不同之处。要让孩子明白智力优势是一种长期的优势:虽然有时会让人有负担,但这通常只是暂时的。

加强情商培养

情商能够帮助孩子(和他们的父母)应对生活中的起起落落,如各种挫折、情绪以及人际关系。与其他素养一样,情绪素养也是孩子获得成功的重要因素。情绪素养包括情绪的准确感知、有效表达以及对自我情绪和行为的理解和调节。

> *"情商并非生而注定。通过后天的学习,情商可以得到改善。"*
> *——丹尼尔·戈尔曼*

精通学业、才智高并不意味着情商就一定高,每个孩子(无论多聪明)都需要学着应对复杂多变的情绪。

那么父母该如何培养孩子的情商呢?父母可以以身作则,给孩子示范良好的应对机制，如学会放松、管理压力、解决冲突和提高抗逆力。父母可以鼓励孩子花些时间反思自己的经历，学习与他人有效沟通的技巧（包括倾听），以此帮助孩子获得调节情绪的能力。他们可以通过自己的例子向孩子展示积极向上的力量。处事乐观不仅可以振奋人心，也能感染他人。重要的是要向孩子展示成长型思维模式，积极应对失败、变化和挑战。父母还可以示范其他的一些好习惯，如调整自己的节奏、保证合理的饮食和充足的睡眠，为孩子树立一个榜样。

为帮助父母和老师培养孩子的自我调节习惯，著名的哲学和心理学教授斯图尔特·尚卡尔博士开发了非常有效的方法。他在5个自我调节领域之一的"认知域：冷静、警觉和学习"中强调了规律睡眠、饮食、运动的重要性。他为年轻人（包括小至两三岁的孩子）提供方法，帮助他们参与评估、监测和解决身体需求。当孩子意识到他需要吃点东西或需要进行体育锻炼时，他就逐渐掌握了自我调节的方法，这些方法会促进他们的学习、人际关系、乐趣以及各个领域的成就，让他们受益终生。

测试：父母是否培养了孩子的情商

如果你想知道还可以做些什么来培养孩子的情商，以下问题可供参考。请用"是""通常是""正在努力中"或"否"进行作答。

第八章　帮助孩子管理情绪

1. 你是否培养了安全和包容的家庭环境?
2. 你是否为孩子树立了情绪调节的典范?是否(尽可能地)满足了自己对食物、睡眠、安静时间、刺激和锻炼的需求?
3. 你是否能恰当处理挑衅、攻击或者威胁性情况?如果不是,是否对此持开放态度,是否愿意积极努力?
4. 你是否能在孩子需要的时候提供安慰和鼓励?
5. 你是否允许孩子加入有关个人信仰、感受和态度的谈话?是否欣然接受他的回答和观点?
6. 你是否帮助孩子识别和理解如快乐、悲伤、愤怒、惊讶、恐惧、爱、厌恶、羞愧之类的感受?
7. 你是否帮助孩子理解情绪在指导他的决定、认知和努力等方面的作用?
8. 你是否与孩子分享过有关朋友、家人以及其他人成功应对改变、潜在压力或情绪波动的故事?
9. 你是否教孩子去体谅他人?
10. 你是否与孩子一起看电视和电影,然后讨论与情绪有关的问题(例如,道德、冲突、人际关系、创伤和性格)?是否阅读战胜逆境的故事,然后跟孩子讨论他们为什么以及如何才能战胜逆境?
11. 你是否会为孩子介绍那些遇到问题但学会了如何管理自己情绪的人?
12. 如有必要,你是否为孩子提供专业咨询?

回答"是"得3分；回答"通常是"得2分；回答"正在努力中"得1分；回答"否"得0分。如果得分大多是2分和3分，说明你为培养孩子的情商提供了丰富的环境。如果大多是1分或0分，则意味着是时候做出进一步的调整了。

　　想在学校层面争取变革的父母可以尝试斯图尔特·尚卡尔博士提出的"认知域：冷静、警觉和学习"计划。此外，与教育课程联系更直接的一种选择是智力学习和情绪学习教学（TIEL），它通过强调在教学/学习过程中加强对认知和社会/情感维度之间的联系，帮助老师、父母和孩子整合思维和心理感受。智力学习和情绪学习教学不仅可以推动孩子对事物有更深层次的理解（无论是文学作品、科学还是地理），还可以利用他们的思维能力为现实世界带来社会效益。

　　有许多早期就在学业上表现出天赋的孩子（例如亚历山大，大家都夸他聪明，他却担心自己没有其他人想象中那么聪明），发现很难将自己的思维与情绪联系起来。智力学习和情绪学习教学则是一种直截了当的方法，既可用于家庭也可用于学校，帮助像亚历山大这样的孩子有意识地建立智力与情绪之间的联系，学会更有成效地管理自己的情绪。

　　还有一些学校开设了旨在培养孩子自我调节能力的"心智工具"课程。该课程强调老师要为孩子的学习经历搭建"脚手架"，确保每个孩子在每个学习领域既能得到适当的支持和挑战，又有大量机会与同龄人进行有效互动。在满足每个孩子特定时间点的学习需求方面，老师的专业判断要比严格落实学校规定的大纲重要。我们对"心智工具"课程与标准课程进行了对比，结果表明，"心智工具"课程不仅能提高孩子所有领域的学习成果，也能提高孩子的情商。

蒙台梭利教育法在很多方面都与"心智工具"课程相似，是另一种经过研究验证的促进孩子自我调节能力的方法。其重点是：为孩子的成长营造一种快乐、自豪和自信的支持性氛围，提供积极的学习机会，确保每个孩子都能按照自己的步调发展，追随自己的兴趣。蒙台梭利教育法尤其强调具有建设性的社交互动。

即便父母竭尽全力地爱孩子、支持孩子，孩子仍有可能遇到问题，比如难以应对具有挑战性的状况、无聊、害怕失败、害怕成功、完美主义、懒惰以及拖延。并不是说天资聪慧的孩子更容易出现这些问题，但是当上述问题实实在在地出现时，孩子高水平的发展会遭遇一系列麻烦，这也是接下来要探讨的内容。

提高孩子抗逆力的方法

在写这本书期间，一场飓风席卷了美国东北部，它提醒我们，为灾难做准备不仅仅是要确保自己有足够的淡水、电池、蜡烛、不易腐烂的食物，还要确保自己拥有有效的避难技巧，以度过断电这几天。而对于父母来说，未雨绸缪就是知道如何帮助孩子经受生活中的各种风暴。生活中的风暴可能以飓风、洪水或火灾等形式出现，也可能以家庭问题或个人问题的形式爆发，例如亲人的疾病或死亡。

> "当你爬到了自己绳子的尽头时，那就打个结，然后继续坚持下去。"
> ——富兰克林·罗斯福

人们往往认为一旦麻烦过去了，孩子也就没事了。但事实是，即便麻烦过去很长时间，有些孩子却仍需要安慰。在生活中，孩子会不可避免地遇到许多问题，无论是成长带来的小问题，还是其他更大的挑战。为了帮助孩子妥善处理当前情况，以及培养他们未来所需的抗逆力，父母需要做些什么呢？

首先，要明白孩子的担忧再正常不过。当他们的幸福和生存资料需要依赖他人才能获取时，怎么能不担忧呢？但是，如果父母在生活中也忧心忡忡，又不让孩子讨论发生的事情，那么即便是正常的担忧也可能会变得更糟。

也有一些具有成熟的情绪和沟通能力的孩子可以清楚地表达自己的担忧。然而，这通常是特例而不是惯例，因为通常孩子到了10岁或11岁时，才开始发展出自我意识。有些孩子担忧时会表现得很愤怒，有些孩子则会变得难以相处、易怒或心生怨恨，有些孩子则会看起来郁郁寡欢、无精打采，还有些孩子会变得极其乐于助人、黏人或亲切。担忧的孩子可能会疏远他人、寻求关注或心烦意

第八章　帮助孩子管理情绪

乱。情绪更敏感的孩子则通常会有更强烈的不安表现。

要帮助孩子应对恐惧，父母可以采取如下举措：向孩子示范遇到麻烦时的有效应对技巧，仔细倾听孩子的担忧，为孩子提供可靠的环境，鼓励孩子采取适当的行动。这4个关键方法可以提高孩子的抗逆力，更好地应对未来可能遭遇的麻烦。父母的帮助可以缓解孩子的忧虑，避免孩子陷入更深的痛苦，从而培养孩子的抗逆力，但前提是父母要对孩子的言行举止保持密切的关注。

帮助孩子采取适当行动的方法之一是给他们提供与他人（例如祖父母、亲戚、老师）讨论的机会。如果孩子周围的成年人都可以跟孩子站在同一维度上，理解他的担忧，并就问题的性质以及如何更好地应对提出建议，孩子的应对能力就会得到加强。

莎拉·查娜·拉德克利夫是一名致力于家庭及孩子问题的顾问。她写了一本帮助孩子应对恐惧的书，从日常生活中对黑暗以及接触新事物的恐惧，到重大变故以及家庭成员死亡等心理创伤引起的更大恐惧。拉德克利夫建议，在着手解决孩子的任何恐惧之前，都要先疏导孩子的情绪，这是一种接纳、确定和接受孩子情绪的方法。她在书中还向父母展示了一些错误的方法，比如对孩子的恐惧表现得轻描淡写（"这没有什么好害怕的！"），或盲目地给出解决方案（"你为什么不试试呢？"）。相反，父母要想确认孩子的情绪，就必须认真倾听和回应孩子的情绪。拉德克利夫写道："父母必须鼓励孩子去充分感受自己的恐惧，这样才能将其完全释放。"

表达担忧是"解决"孩子恐惧的有效起点。但为了应对孩子可能出现的更严重的担忧，拉德克利夫在书中还概括了一些父母可以使用的行动策略。情绪疗愈的行动策略包括写日记、呼吸调整练习和其他有针对性的技巧。

当孩子观察到他人的得当反应时，他们会感到安全并满怀信心，学会如何应对恐惧、采取行动以解决问题，才更有可能战胜逆境。同时，他们还能获得重要技能，下次再遇到困难时就会表现出抗逆力。为了帮助那些孩子正在与各种困难进行斗争的父母，我们提供了一份"三管齐下"的实用建议清单。这些建议适用于从幼儿到青春期各个年龄段的孩子。但针对不同年龄的孩子，方法显然也不同。年幼的孩子（以及那些更敏感的孩子，无论他们多大）通常需要更多的宽慰，而年长的孩子（或那些对问题有深入了解的孩子）则可以参与更为复杂的解决问题的活动。

清单：帮孩子应对挑战

示范有效的应对技巧

1. 在尝试解决孩子的担忧之前，先评估一下自己的感受。
2. 示范以积极的态度应对手头的问题，这样孩子就可以看到这种态度的实际效果。
3. 加强社交圈的支持。与朋友、家人和其他人讨论可能令人不安的问题。

4. 在遇到麻烦时，孩子比平时更需要安全感，更期望获得父母的指导。父母要尽可能地为孩子提供帮助，并确保言出必行。如果可以的话，尽量遵循正常的生活规律。

5. 如果可能的话，选择一个相对放松的时间，在安静、舒适的地方进行讨论。这在孩子承受过高压力时尤为重要。

6. 尽可能地保持镇静，尽可能地对孩子的担忧予以反馈。像平时一样，不必苛求完美。

安抚

1. 倾听，真正倾听孩子的问题，认真倾听孩子说的话，不仅要听她说了什么，还要思考她虽然没明说但可能想知道的事情。

2. 询问孩子哪些方面想了解更多以及还有哪些担忧。

3. 如果孩子有如下情况，一定要予以特别关注：经历过其他创伤性事件，之前就有情绪问题，缺少能分享自己想法的朋友，有压力过大的迹象（包括失眠，饮食习惯发生变化，情绪波动，学习成绩退步，活动水平发生变化，滥用药物，出现与之前大不相同的或与同龄人相比不合时宜的行为）。

4. 出现问题后，要逐一解决。

5. 要诚实，但不必吐露所有细节，孩子处理情绪化信息的能力会随着年龄、个人成长和经验的不同而改变。
6. 与孩子讨论如何建立人际关系可以帮助他们克服困难。
7. 孩子也会有不想说话的时候，此时父母应予以尊重。无论孩子想不想想谈论正在发生的事情（有些孩子会闭口不谈），一个温暖的拥抱或默默地陪伴片刻，都可以在孩子需要的时候给予慰藉。
8. 父母应该避免让孩子长时间暴露在媒体有关冲突、暴力或者涉及人类苦痛的影像资料之下。承认这个世界并不完美，不必忧心忡忡、杞人忧天。
9. 引导孩子多多关注积极的方面。给孩子描述专家、专业人士、志愿者是如何有效解决那些令人不安的状况的。与孩子一起研究正在进行的救济工作、重建计划、急救人员的作用等。
10. 帮助孩子发现并接受自己的局限性，包括要让他认识到，尽管他的出发点极好，但因为年龄太小，还无法解决重大的问题。
11. 父母需要记住，安抚孩子不必总是独自去做，特别是在异常危险的时期。如果孩子深感困扰并且无法镇静下来，你需要咨询儿童情绪健康方面的专业人士。

第八章　帮助孩子管理情绪

支持孩子采取行动

1. 鼓励孩子通过艺术表达自己的想法和感受。绘画、音乐、日记和其他形式的表达都是很好的情感宣泄方式，如果孩子愿意与你分享他的成果，也可以以此作为讨论的跳板。
2. 孩子开心并不代表不同情别人的不幸。鼓励他去玩耍，保持活跃，维持孩子生活的平衡。
3. 给孩子分享一些受不幸事件（如地震、龙卷风、暴力等）影响的人物或者故事（或事实或虚构）。帮助孩子了解他们如何才能做到坚持不懈，或者教给孩子如何勇敢面对挑战、痛苦或损失。引导孩子关注故事中人物的优点和抗逆力。
4. 帮助孩子维持现有的家庭关系和友谊。在困难时期，强大的社会支持会产生很大的作用。
5. 如果孩子想为救灾工作做点什么，可以帮他寻找符合其能力水平的志愿者机会。相关信息可以从负责应急救灾工作的协会、医疗中心、食物赈济处、青年团体以及联合国儿童基金会、红十字会等处获得。

通过为孩子提供一个安全的环境，保持冷静，对他的担忧予以关注（必要时寻求专业人士的帮助），父母可以减轻孩子在混乱时期所经历的恐惧。父母不应该也不能够不让孩子经历任何逆境，相反，他们应该将这些充满挑战的时期视为帮助孩子探索和理解自己的感受、有效应对逆境、提高抗逆力的机会。

无聊

和关乎人类发展的其他事情一样，每个无聊的案例都有其自身的发展过程、形成原因和解决方案。萧伯纳写道："在我死去之时，我希望我已经用尽了全力。因为我工作越努力，活得就越久。"这不仅是一种积极的生活态度，也是应对无聊的灵丹妙药。

在第五章中，我们讨论了父母应对孩子无聊情绪的基本方法，其中包括父母确保孩子对自己的娱乐和学习负责的方法，这也是预防无聊的最好方法。有时这种无聊的感觉会进一步发展，成为更大、更复杂的问题。具体过程可以参考以下几个案例。

> 乔纳斯热情、敏感、情绪化。多年来，人们大加赞扬他出色的表演能力、写作技巧和幽默感。此外，他还展现出了杰出的创造力、音乐天赋和运动能力。尽管他兴趣广泛、能力卓绝，却总说自己的学校生活"无聊透顶"。上学时，他总能很快地完成作业，又没有耐心等其他同学赶上来，他还极其厌恶无所事事地闲坐在那里，厌恶学习他那所谓的"填补时间

的垃圾"。

近来,老师们认为他的态度极其不端正。尽管他偶尔有一些突出的成就,但学习成绩却在持续下降,甚至还获得了"班级小丑"的称号,他却将其当成一种荣誉。老师们称他"极具破坏性",当然这只是一种比较客气的说法。而他却戏称自己"爆炸性十足",总在寻找创造性的方法,刻意不完成作业,还设法分散其他同学的注意力不让他们完成。

孩子产生无聊的情绪可能是任务过于简单的必然结果。无论何种原因导致的无聊,确保孩子的学习需求与学业课程之间相互匹配才是解决这一问题的明智起点。因此,在乔纳斯的例子中,乔纳斯的父母与乔纳斯以及学校需要通力合作,使乔纳斯的学习更好地匹配他的能力水平。(这也是第六章和第七章的重点,是差异化教育的精髓。)

只要乔纳斯的父母确定这种能力与学习的不匹配才是问题的根源(本章前文列举的问题1),意识到这的确是个问题(问题2),识别出这是乔纳斯和学校的共同问题(问题3),那么,想要解决问题就变得相对简单了。正如第六章描述的艾弗所遇到的问题,要解决乔纳斯的问题,就要找到与其能力和兴趣更匹配的学习活动。

当然,孩子无聊并不总是因为任务过于简单,有时任务难度过大,也会如此。

九年级之前里瓦并没有那种无聊的感觉。那时，她非常喜欢上学，也会熬夜完成作业。然而，升入高中后，她开始感觉无聊了。"学习太容易了，妈妈。"而当她将C多A少的成绩单带回家时，并没有引起父母足够的重视。他们把这一切都归咎于孩子一直以来对无聊的抱怨，要求老师给她加大学习难度。老师们照办了，却发现里瓦根本无法承受更难的学习任务。相反，她变得更加紧张和郁闷。

有时人们在应对难度较大的任务时，也会形容自己感觉很无聊。孩子缺乏完成任务的必要应对技能，可能会忽略自己的挫败和失落感，甚至将其误认为无聊。毕竟比起承认自己能力不足、不够努力、知识欠缺，无聊更容易被接受。以无聊为借口可以帮助孩子远离挫败感，让她误认为，只要运气好一点，就会有更容易也更愉快的事情出现。

里瓦这个案例的解决方案与乔纳斯的类似：为确保孩子具备学业成功所需的技能，要对其学习需求和学习能力进行评估。必要的评估内容包括组织能力、时间管理能力以及良好的学习习惯。

有时无聊也并不一定是因为学业与个人能力不匹配。

克洛伊的父母都是教授，他们工作忙碌，但希望有更多的时间陪伴女儿。当克洛伊向父母抱怨无聊时，父亲或母亲会立刻去帮她找些有趣的事情打发时间。他们或者带她去郊游，或者给她买个电子产品，或者买些新衣服。但近来她却频繁抱怨起来。

为了回应孩子的无聊诉求，有时父母会带他们外出游玩，给他们买些玩具，或者为他们提供一些（不怎么费力的）娱乐活动。孩子不开心，父母就会觉得自己有责任解决这些问题，所以会将孩子的无聊诉求当作需要采取行动的信号。尽管有人认为，类似克洛伊这样的孩子爱摆布人、要求苛刻，但在我们看来，孩子的"无聊"应直接归咎于父母的解决方式不合理，任孩子摆布。如果克洛伊的父母能帮助她探索，鼓励她追求一些富有成效的兴趣，就能更成功地解决她的无聊问题。

孩子的无聊也可能是心理原因造成的。

波格丹正参加八年级的增益课程。曾经的他非常活跃，参与过多项运动，活脱脱一副狂热童子军的模样。而现在，放学回家，他会先给自己弄点吃的，然后一屁股坐在电视机前，一直看到该睡觉的时间。自从父母离婚后，他就放弃了所有的课外活动，体重也增加了20磅，在学校的表现也越来越差。有人问他为什么如此堕落，他生气地回答说："因为学校很无聊。"

最令人不安的无聊就是这种掩盖了更严重的心理问题的无聊，

例如抑郁、沮丧、无助、悲伤、失落或愤怒等心理问题。波格丹的感受和行为表明他有更深层次的问题，需要在他重新投入学习、参与其他活动之前得到解决。对于这类情况，我们会建议孩子及其父母咨询家庭顾问。

当孩子说自己很无聊时，建议父母参考本章开头列出的问题清单进行反思："问题到底出在哪里？""这真的是个问题吗？""如果是，是谁的问题呢？""我们能帮上什么忙吗？""到了该寻求专业人士帮助的时候了吗？"然后再考虑可以如何提供帮助。这可能意味着要与老师一起合作，评估孩子的学业挑战，并设定与孩子能力水平相匹配的方案。乔纳斯和里瓦的情况就是如此。如果是类似克洛伊的处境，父母则要在教育策略上下功夫；如果是和波格丹相同的情况，父母则要与孩子一起咨询家庭顾问。孩子的无聊可能是他们的一种紧急求助，但所需要的帮助性质因情况而异。

害怕失败或成功

通常，害怕应对挑战的人是害怕失败。他们担心失败会让自己显得无能，会让自己受到批评和拒绝，因此他们养成了在舒适区里躺平的习惯。对失败的恐惧会严重限制一个人的成就。

奎罗宾，目前正在经历从咨询工程师向老师的职业转型，以下是他的坦率自白：

第八章 帮助孩子管理情绪

在咨询工程师的职业生涯中,我与很多不同职位的人一起工作过,从大公司总裁、副总裁到工厂工人。我需要发起变革,并通过变革开展工作。而且我了解到,为团队营造出积极的学习环境时,我才是最成功的。

我的那些合作伙伴都很害怕自己会显得愚蠢,害怕各种类型的失败。我帮助他们明白了失败仅仅是过程中的挫折,是在提醒我们应该纠正自己正在犯的错误。如果能不再重蹈覆辙,那我们就能取得成功,更上一层楼。我发现,就像运动员一样,只有这种以精通为导向的学习,才能取得最大的成功。因为他们不惧怕犯错,并且会利用自己的错误指导后续的训练,投入更多的精力。他们从错误中学习,在挫折中茁壮成长。显而易见,无论什么比赛,他们都会在赛场上取得成功。

并不是每个人都像能奎罗宾那样认识到,以精通为导向的学习方法是应对失败恐惧的最佳解药。就算是那些原本因害怕失败而避免挑战的人,当意识到自己的能力能逐步增强时,他们也会振奋精神。

> "生活中并没有什么事情值得恐惧,更多的是需要我们理解。"
> ——玛丽·居里

在任何领域(无论是商业、音乐、科学、体育还是其他领域),

人们的学习和成长都不可能不犯错。如果能把失败当成一次学习机会，失败就能成为我们成长道路上的垫脚石。各个领域的挫折也是学习过程中不可避免的，而这种认识可以让人们在挫折中坚持到底。

父母可以就这种对待问题的积极态度做出示范，也可以与孩子讨论积极态度的作用。父母可以分享自己克服障碍的经历，可以告诉孩子，如若必要，不那么急着完成目标也有很多好处。父母还可以从现实生活中寻找榜样，也可以找那些通过克服挫折困难从而有所成就的传记人物作为孩子的榜样。

我们不想低估害怕失败所带来的潜在问题。就像其他类型的恐惧一样，对失败的恐惧也很可怕，会使孩子的意志变得薄弱，而要想克服这种根深蒂固的恐惧并不像换件衣服那样简单。致力于培养孩子的成长型思维模式对害怕失败的孩子显然很有帮助。但与其他问题一样（无论是医疗、学术还是心理问题），很多时候父母最好去寻求专业人士的帮助。

尽管听起来有悖常理，但是有些孩子不想应对挑战是因为他们害怕成功。虽然害怕失败这一点相对更容易被人们理解，但有些时候，人们的确也会经历与其相反的恐惧，即对成功的恐惧。它同样会削弱孩子的意志。对成功的恐惧几乎是无意识的，虽然难以察觉，但它的破坏力也不容小觑。与害怕失败一样，忽视对成功的恐惧，也会对孩子的学业发展以及职业生涯造成破坏。

第八章　帮助孩子管理情绪

　　杰伊一直是名品学兼优的好学生，然而接触到戏剧之后，他开始利用周末的时间参加演戏、即兴表演课，同时结交了一群同样热爱音乐剧的新朋友。虽然前几年他一直学习高级课程，而且在数学和科学方面都表现优秀，但在接触戏剧之后，他一心想转学去艺术高中。他开始迟交作业、拖延课业。此后，他的态度翻了一百八十度，除艺术之外，他对其他科目都兴趣寥寥，老师们对此非常担心。

　　杰伊的父母虽然也希望他能探索和发展自己的兴趣爱好，但也很担心。因为这些年来，杰伊总是三分钟热度，父母不希望他因为这种暂时的狂热放弃良好的学业。而且每次他马上能把兴趣变成特长的时候，就会把精力转向别的事情。

　　一个人一旦有了出色的表现，就会被期望成为该领域的翘楚。如果杰伊继续保持自己在数学和科学方面的优势，父母和老师肯定会对他寄予越来越高的期望，他就会担心自己的表现不佳。像现在这样，转去另一个领域，就会显得自己更聪明，因为人们会认为，这个年轻人只是攻克其他领域去了。

　　害怕成功的原因可能有很多。人们会担心，一旦实现了自己的目标，完成了他们最初打算的事情，仍不开心怎么办："我喜欢法学院，但如果我讨厌做律师怎么办？"他们也可能会担心，一旦自己取得成功就不会再那么受人喜欢，"毕竟每个人都喜欢弱者"。他们还可能会有种担忧，就是当其他人看到他们的能力后，可能对他们抱有过高的期望："随着我（在写作、运动等方面）的进步，每个人对我的要求越来越高。"还有一些人妄自菲薄地认为，他们不配得到成功所带来的认可，因此想预先避免这种浪得虚名的尴尬："有很多孩子比我更聪明，如果我成功了，他们会认为我是个骗子。"

有些人害怕承担伴随成功而来的责任。有些人害怕自己取得的任何成就都将消逝，他们觉得取得成功的最终结果是失去，因此不想白费力气。有些人则认为成功会导致热情的丧失，他们认为努力工作最终是一桩得不偿失的买卖。

孩子开始抵制成功（正如我们在杰伊的案例中所看到的那样），这是父母应当关注的一个迹象。孩子自我否定、害怕成功还有一些其他迹象，比如拖延、悲观、参加重要演讲却不做充分准备，或者在一个重大日子的前一晚没休息好。对成功的恐惧有时会表现得更像懒惰。总之，对成功的恐惧会阻挠人们完成本可以做到的事情。

究其根本，对成功的恐惧是一种对未来可能发生的变化的无意识恐惧。梦想成真时会发生什么？会失去那些梦想。因此，对有些人来说，在梦想成真之前，放弃梦想显然更容易一些。

父母要帮孩子预防或对抗这种对成功的恐惧，最有效的方法之一是让孩子相信自己能够应对未来伴随成功而来的任何变化。杰伊的父母与杰伊展开了讨论：如果他选择在他擅长的数学和科学上再接再厉，之后会发生什么？他们鼓励杰伊谈论自己的恐惧和抱负，并且告诉他，真正的朋友喜欢的是他本人，无论他成功还是失败，真正的朋友都不会消失。

父母还以自己和他人的经历作为案例向他说明，人一旦实现了梦想，通常还会找到其他有价值的梦想。他们还帮助杰伊探索如何在不影响学业的情况下继续他对音乐剧的热爱。最后杰伊决定继续待在学校，专注于数学和科学的学习，同时在课外时间与当地社区剧院进行合作交流。由此，他有了更多的学习选项，其中包括在数学或科学上获得成就的可能性。

完美主义

这里我们想引用一些关于完美主义的名言。一开始，我们非常喜欢一位不知名作家的表述："发挥您所拥有的天赋：如果除了那些唱歌最好听的鸟儿，其他鸟儿都不唱歌，树林就会变得寂静无声。"后来，我们发现了萨尔瓦多·达利的名言："不要害怕完美，因为您永远也达不到。"我们认为这句话更鞭辟入里。再后来，我们又看到了休·普拉瑟的名言："如果我不接受自己的缺点，就一定会怀疑自己的优点。"而文斯·隆巴迪的名言"完美是无法实现的。但在追求完美的过程，我们能捕捉卓越"再次让我们陷入了思考。

难以取舍！我们无法决定哪句名言最好。

后来我们意识到，有时最好的做法是放轻松，暂时放下手头的任务，退后一点。如果人们觉得自己所做的每一件事都必须完美，那么这种对完美主义的追求会影响他们所获得的乐趣，并最终影响他们的成就。

以下是另一个故事：

> 希拉曾是个热心的孩子，朋友众多，学习上经常受到老师的夸赞。然而上了高中后，学业上竞争激烈，如果不能立刻想出问题的正确答案，她就会觉得很难受。上周作业下发后，当看到老师让她改进的批阅评语，希拉泪流满面。她请求老师原谅，并躲进了洗手间，直到下课才出来。
>
> 希拉交的作业是"正确"的，却明显地缺乏创新和深度。老师说她抗拒挑战自己的想象力和创造力。过去的几周，她几乎一直待在卧室里，设计尝试不同的学习技巧。达到完美之前，她拒绝提交任何一份作业。她时常熬夜，甚至一些小作业也要求延期上交。

孩子渴望出类拔萃，当然是好事，但如果像希拉那样，把对目标的渴望变成了过高的期望负担，那就不健康了。完美主义会导致投入过度、拖延、主动性降低、郁闷、回避挑战和成绩不佳，严重时孩子还会表现出焦虑、饮食失调、丧失表现能力以及其他心理和生理问题。

完美主义的起源因人而异。完美主义可能源于学习决策、学习安排、学习习惯或学习风险方面的问题,以及像希拉正在经历的对自己表现不佳的担心,也会导致孩子追求完美主义。此外,不想辜负身上的天才标签也可能是导致完美主义的原因之一:认为自己必须一直表现得聪慧过人是可怕的。

那么,对于那些表现出完美主义迹象的孩子来说,父母可以提供什么样的帮助呢?在希拉的案例中,父母帮她设定了更现实的期望,也让她明白,并不是每一项作业都必须代表她的最高水平,因为学习实际上就是一个犯错的过程。他们说服希拉,每周故意提交一两份低于自己最好水平的作业,看看会发生什么。他们还跟她讲了印度的民间信仰:印度妇女在编织毯子时,会故意留下一个缺口,让灵魂得到解脱。这样做的效果很好。希拉的成绩并没有受到影响(她仍是名优秀的学生),但是老师对她的评价却开始大大改观——写作风格轻松惬意,作品开始显现出创造性的活力。她明白了,根本没必要为英语作业一段粗略的草稿花费4个小时,这样她还能有时间发展自己那些一度被放弃的爱好。

这些故事示例、引用的名言和父母的支持,帮希拉克服了在学业上苛求完美的问题。父母以自己的挫折和不完美为例,跟她分享了自己应对错误和失望时的心得体会,以此向希拉表明,错误可以转化成极好的学习机会。

父母可以帮孩子了解自己的优缺点,以此预防或解决过度追求完美的问题。他们可以鼓励孩子在学校作业或其他任务中努力提高自身能力(而非追求绝对的准确),向孩子强调为学习而学习的价值。

解决完美主义的另一个实用的策略是，帮助孩子学会自我调节。其中包括：设置合理的时间表，只承担他能处理的事情，设定轻重缓急。此外，合理看待评估过程也是一个明智的策略。即使是极致完美主义追求者、有"虎妈"之称的蔡美儿也明白，并非每项作业或测试都必须要达到尽可能高的标准。幽默感和示范有效的放松策略一样会有所帮助。也许最重要的是，父母要让孩子明白，他们的爱和支持并不是以孩子所取得的成就为条件。

　　像我们在这里讨论的所有问题和担忧一样，如果孩子过度追求完美主义变得难以控制，即便深思熟虑地应用以上建议也无法解决，这时就该考虑寻求专业人士的帮助了。

懒惰

　　与孩子成长过程中出现的无聊、学业成绩差、完美主义以及许多其他问题一样，表面看起来像懒惰的一些行为，也可能有很多原因。有时候，很多父母会向我们抱怨，以前孩子积极乐观、热情满满地参与学校、家庭以及其他活动，现在却变得懒惰懈怠、效率低下又难以相处。

　　　　奥伦14岁时，成绩下滑明显，只能勉强及格，老师也经常抱怨他不写作业。同时，他也不怎么爱运动。他只想和朋友

第八章 帮助孩子管理情绪

一起玩电脑游戏、听音乐。父母对此忧心忡忡，还觉得他傲慢无礼，老是出言顶撞父母，家里俨然变成了战场。他们希望儿子能变回原来那个快乐的、尊重父母和活力十足的好孩子。

在这个例子中，奥伦处于正常的发育阶段，虽然具备了良好的学习习惯和自律能力，但进入了棘手的青春期早期阶段，他急于弄清自己的身份。正如我们在第三章中讨论的一样，青春期一下子有如此多的变化，仅仅是做符合14岁孩子身份的事就需要花费很大的精力。

对于那些青春期早期到来之前成绩一直遥遥领先的孩子来说，在这一时期出现这种懒惰的情形实际上是一件好事，至少在短时间内是这样的。

> "早起的鸟儿有虫吃，但吃到奶酪的是第二只老鼠。"
> ——佚名

当然，这种态度会让父母抓狂。但是，只有经历了这一阶段，孩子才能重返正途。懒惰期之后，孩子会重新爱上学习，并坚持不懈地钻研。而这并非遵从父母、老师或其他人的意愿，而是他们自己的选择。当孩子处于明显的懒惰期时，父母可能不得不隐忍等待，直到孩子决定找回（或重新找回）让自己终身受益的动力和抱负。

有些处于青春期早期的孩子，有时在父母眼中会显得很懒惰，但实际上是因为他们把精力积极地投入在了其他领域的学习。这种现象在女孩身上尤其常见。在某个阶段，她们可能只想出去逛街、换着花样打扮自己、看电视、听音乐、上网以及与朋友闲聊。

即使是那些非常聪明的女孩子，有时也会陷入无所事事的空想。但实际上，她们是想要决定一些重要的事情：如何向他人展示自己，如何与世界互动。这涉及对社会规范的研究、人际关系的了解以及自我认知的发现，绝非易事。

不过，懒惰无论如何也算不上一个好兆头。如果父母想了解孩子为什么突然变得懒惰，一开始不要严厉批评，先花些时间思考一下这些看似懒惰的行为背后的真正原因是什么，通常会更有成效。

有时，父母需要对孩子有更高的期望，要求他们努力工作，承担真正的责任，从而给孩子提供机会去学习持续的专注时间和投入任务的价值。在理想情况下，这从父母希望年幼的孩子能捡起自己的玩具时就开始了。正如第三章中关于家务劳动的讨论，其他的家务以及家庭任务，可以根据孩子的年龄、成熟程度和个人优势予以适当增加。然而，状况频出的青春期并不是孩子开始学习自律的最佳时间。

与本章所讨论的无聊以及其他行为一样，懒惰问题可能远比表面复杂，也并非总能轻易解决。它能反映出健康问题、与朋友相处的问题以及对失败或成功的恐惧问题。懒惰可以掩盖很多问题，如愤怒、欺凌、抑郁或我们在其他章节讨论的一些问题。如果父母搞不清状况，并对此深感担忧，就应该考虑咨询专业人士。

拖延症

有动力的学习者才富有成效。因为他们学习主动，追求高标准地完成任务。换句话说，他们是积极进取的人，而且他们不会拖延。

事情果真如此吗？

下面是对 5 名小学生的简单介绍。看看他们有什么共同点？

- 达蒙喜欢认真抉择。开始做任何事情之前，他都会权衡利弊，充分考虑替代方案，直到满意时才会付诸行动。
- 以马洛里的经验，她总能设法完成任务并能获得 A。那还干吗那么着急呀？
- 雅辛塔对自己不感兴趣的任务总会拖拖拉拉的，她把时间花在她真正的爱好上，例如国际象棋。
- 莫里对太多的事情感到好奇。他总是有要见的人、要参观的地方、要做的事情，所以他总是把家庭作业安排在这些令人兴奋的事情之后。
- 艾玛在完成任务时总是一意孤行，设计可视化框架，进行拓展，设置时间表。结果，很多任务往往不能在老师规定的时间内完成。

以上 5 个孩子都具备学习动机和学习能力。但是他们也都被父母和老师贴上了拖延症标签。然而，在这些孩子眼中，他们的行为完全合情合理。

对成年人来说，日程安排和严守时间似乎至关重要。

> "智慧没有了野心，就像鸟儿没有了翅膀。"
> ——萨尔瓦多·达利

"拖延"（顾名思义就是把事情拖到明天）一词往往包含消极的含义，就像"怠惰"这个词一样。拖延也意味着回避、放弃和不再努力进取。

与懒惰一样，孩子的拖延也是有原因的。也许是因为他们不堪重负、正面临挑战、心烦意乱，或者精力、睡眠、营养不足；也许他们喜欢最后一刻忙乱的充实感；也许是因为他们缺乏必要的技能，难以集中注意力、难以组织或设定行动框架。

事实上，孩子也想获得成功，却发现自己由于这样或那样的原因而连连受挫。他们也许是因为害怕犯错而没敢开始，也可能需要他人的帮助才能开始。尤其是那些资质不错的孩子，他们可能在做任务之前，就陷入了规划复杂概念、探索不同解决方法的困境中。还有些孩子也许是因为看到了父母、家人或老师拖延，就认为这样做也无可厚非。

孩子确实需要明白，无视截止期限可能会产生不良后果。父母可以和有拖延倾向的孩子一起解决问题，弄清楚这种行为背后的原因。他们可以在考虑到孩子的需求和喜好的情况下，一起找出更有效的解决方案。父母也可以在自己的生活中以身作则，表现出果断执行和注重计划的态度，为孩子树立榜样。这通常是向孩子展示如何管理时间和磨炼组织技能的最佳方式。

每个人都会有所选择，哪些事情需要竭力完成，哪些事情可以稍作等待，哪些事情可以推迟，哪些事情可以假手于人。父母可以鼓励孩子明智地思考哪些事情可以推迟，希望他们能明智地做出选择，满怀信心地付诸行动。

自信

有人说，自信是父母能给予孩子的最大的礼物。

尽管我们也认为，自信的确是值得父母帮孩子实现的目标，但有两个普遍存在的误解可能会阻碍孩子的发展。第一个误解：自信具有整体属性。也就是说，人要么自信，要么不自信。但事实上，对生活的方方面面都很自信（或者不自信）的人几乎没有。与智力和创造力一样，同一个人的自信心在不同领域也有明显差异。例如，有的人对自己的社交能力很有信心，但在运动或音乐能力上又不自信。因此，如果不限定具体的领域，就说一个人自信或不自信没有任何意义。

> "我不怕风暴,因为我正在学习如何驾驶船只。"
> ——路易莎·梅·奥尔科特

学术或智力上的自信来自学习成绩,社交自信来则自成功的社会经历。健康全面的自信通常建立在几个重要领域的成就之上,包括智力、身体、社交、行为和情感。

关于自信的第二个误解:赞美有助于找回自信。事实上,空洞的表扬会削弱孩子的自尊。无论是体育、学业、人缘还是其他方面,只有在建立强烈的自我意识之后才能在重要领域取得成功。

如果父母担心孩子没有自信,可以帮他探索其兴趣领域的活动,如绘画、创意写作或其他一些活动。

> "如果你听到内心有声音说'你不会画画',
> 千万画下去,那个声音自然就会沉寂。"
> ——文森特·梵高

路易斯是一名老师,他分享了自己15岁时的故事。

那时,我没几个朋友,其他孩子可能都觉得我有点古怪。即便我赢得了所有学科的奖项,也改变不了他们的看法。我很内向,对集体活动也不怎么感兴趣。但是社区中心举行的一项活动却引起了我的注意：武术教练正在教授合气道课程。这看起来有点吓人，但我却想了解更多，所以决定报名。

第一次上课时我很喜欢，于是便坚持了下去。实际上，从合气道中我不仅学到了简单的动作，还学到了很多关于生活的知识。教练教导我们如何在对抗的状态下放松。谦逊和适当的礼仪也是课程的一部分。我先是以绿带（再进两级为黑带）为目标，然后逐级超越。

我当时还在英语课上做了一个关于合气道的演讲。所有的同学都觉得很棒，他们开始向我咨询合气道的问题，我也乐于为他们答疑解惑。即使是现在，我也觉得是合气道给了我自信。

合气道的学习使路易斯进入了一个全新的与同学互动的领域。他发现，这种成功让他有了良好的自我感觉。

跳出学业领域学习合气道，使路易斯在社交能力的许多重要方面（例如合作、谈判和解决冲突）得到了提升。合气道成为他可以与同学分享的谈资，并且随着时间的推移，他在其他类型的对话中也变得游刃有余了起来。所有这些新能力都推动了他在学业、个人能力和职业追求上的进步。

自信源于个人在所重视领域的能力。不是每个人都能胜任所做的每件事，当然也不是一开始就能做对。有时需要更多的努力、指导或帮助。孩子缺乏自信可能表明在目标设定方面出现了问题（要弄清楚他想把精力投入哪个方面），也可能是因为不够坚持，只有坚持足够长的时间才能体验到成就感和建立自信。

  一些小进步也能带来大成就，父母可以通过庆祝这些小进步帮助孩子建立自信。父母可以告诉孩子如何以积极的心态面对挫折，如何将困难视为学习的必经之路而不是不可逾越的障碍，并以克服障碍为荣。在孩子调查选择、审查目标、调整努力以适应不断变化的需求和环境时，父母可以鼓励他，增强他的自信心，这将对孩子的未来大有裨益。

第八章　帮助孩子管理情绪

养育的秘诀

1. 与众不同会带来一些挑战。在某些方面与众不同的孩子（包括那些智力超群的孩子）可能会遭受误解或存在社交困难。这尤其会令青春期早期的孩子烦恼，孩子的能力越出众，问题就越严重。

2. 当孩子出现担忧情绪时，父母可以考虑以下 3 个问题：问题到底出在哪里？这真的是个问题吗？如果是，那是谁的问题呢？之后提出有助于解决问题的两个问题：我们能帮上什么忙吗？到了该寻求专业人士的帮助的时候了吗？

3. 结交智力相当的同龄人可以帮助资优学习者更好地了解自己的不同之处。在他们感兴趣的领域寻找兴趣小组和活动。

4. 鼓励孩子欣赏自己的独特性，并了解每个人都有不同的优缺点。

5. 情商包括准确感知自己和他人的情绪，有效表达自己的情绪，理解和调节自己的情绪反应。

6. 父母可以使用一些策略来培养孩子的情绪应对技巧。例如，注重节奏；一起讨论个人信念、感受和态度；跟他们分享那些克服挑战或压力，并成功控制情绪的故事；

必要时给予孩子宽慰。
7. 智力水平高的孩子可能会遇到无聊、害怕失败或成功、完美主义、懒惰、拖延症和缺乏自信的问题。本章探讨了父母可以预防和减少这些问题的很多方法。
8. 如果事情变得复杂或无法运用恰当的育儿策略，要寻求专业人士的帮助。

  本章探讨了父母该如何帮助孩子理解和管理自己的情绪，以及如何应对可能伴随成长出现的其他问题。下一章将讨论父母如何培养孩子的社交智力。

第九章

培养孩子的社交智力

第九章　培养孩子的社交智力

> "对我们而言,每位朋友都代表着一个独特的精彩世界,如果尚未与朋友相识,这世界可能不会诞生,只有与朋友相逢相识,才能产生精彩的新世界。"
> ——阿娜伊斯·宁

在孩子的生活中,友谊发挥着重要的作用,可以帮助孩子学会团结协作、解决冲突,并懂得关爱、同情、信任、礼貌以及其他对生活和学习至关重要的品质。本章将对友谊、归属感、社会环境、抗逆力和手足情在内的社会问题进行探讨,也将讨论孩子时常遇到的困难及应对策略。父母为孩子社交能力的发展忧心忡忡,"如何帮孩子交朋友?""孩子被欺负了,父母该怎么办?""家里的孩子性格迥异,如何保持家庭和谐?"针对以上问题,我们为父母提供了建议,以便帮助孩子巩固其友情网络,培养社交智力。

友谊为什么重要

人们对友谊的期望各不相同,但获得社交网络的认可和接纳是所有人都有的需求。人际关系对幸福健康的方方面面都很重要,拥有强大社交网络的人能更好地应对疾病、贫困和创伤。对孩子和成年人来说,"亲密无间的朋友是情感依靠。孩子开拓新的领域需要寻求安全感时,就会寻求朋友的支持。亲密的朋友还可以缓冲消极事件的影响"。无论何种风险,不论处于哪个年龄段、文化背景和社会经济状况,社交支持都是对抗挫折的重要因素。

> "有朋友相伴,即便是行走在黑暗中也要好过光明下的踽踽独行。"
> ——海伦·凯勒

孩子建立友谊的能力因人而异。有的性格外向,善于交际,容易交到朋友;而有的性格内向,喜欢独处。有些孩子在同龄人中很受欢迎,有些则被冷落,有些会被忽视,还有一些被有意排斥。对孩子的接受度也会因环境而异,夏令营里最受欢迎的孩子在学校里可能会被其他孩子忽视,反之亦然。

社会导航就像在不确定的天气条件下沿着盘山公路驾车行驶。它需要小心谨慎、沉着冷静、拥有良好的方向感,还要不厌其烦地应对突如其来的意外、交通拥堵和不断变化的路况。拥有良好的社交技能就如同拥有良好的驾驶技术。出现复杂情况时,强大的社交

第九章 培养孩子的社交智力

技能会对孩子的生活产生很大的影响。

孩子在小一点的时候会对伙伴很感兴趣，他们一起嬉戏玩耍、谈天说地、咯咯傻笑，比如苏琪和莱拉把胳膊肘伸进戏水桌，乐此不疲地把水泼到自己和幼儿园同学身上。孩子稍微长大一点后，能更好地理解他人的观点，并在交往中照顾到他人的情绪。随着年龄的增长，朋友间变得更加互惠、更相互支持，比如杰夫知道格雷格对打鼓感兴趣，于是邀请他课后帮忙组建乐队。

随着孩子的成长，友谊的形式会变得更加复杂，相互之间的关系也变得更加深入，要涵盖信任、接纳、坦诚以及守护这段关系的意愿。弗朗西斯卡和汉娜就要去大学学习语言了，因为想成为口译员，他们计划暑假去旅游。他们会相互陪伴，也会各自独处，会彼此依赖以适应国外的日常生活，应对各种挑战和复杂事务。

在最近的一项研究中，283名高中生和大学生被问及交友时最看重朋友的哪些品质。出现频率最高的有：彼此相处轻松自在；能互相吐露心声而不妄自评判；一起玩得开心；能感受到对方在乎自己的成功；相互有信任感，知道对方会支持和倾听自己的想法。这项研究还要求学生说出他们在友谊当中最主要的收获。回答次数最多的是积极的情感支持。

最理想的友谊是朋友之间有很多相通点，这就是为什么能力高反而可能成为交友的阻碍。当孩子的智力发展超过情感或社交能力的发展时，想找到情感和身体发育都处于同一水平且有共同语言的人，就会成为一件极其困难的事。

10岁的达米安是名优秀的学生。但如果你问他朋友的事，他会告诉你他没有朋友。跟他智力相当的人在社交、情感和身体上都比他成熟，而年纪相仿的人对同一概念的兴趣点又不在同一层次上。"我无论在哪儿都格格不入。"达米安说。

智力发展超前并不意味着在其他方面也发展超前。像达米安这种不同领域的发展不同步的情况并不罕见。智力超群的孩子，若要经历与年龄相符的社交、情感和身体发展以及在所有这些重要领域获得健康发展，仍需要同龄的朋友。

有些孩子有很强的认知能力和社交能力，但这并不意味着他们就更容易找到朋友。比起智力相当的同龄人，他们与年龄较大的孩子的关系可能会更好，但由于身体发育尚不成熟，他们可能很难拥有真正的归属感。与此同时，社交能力和智力水平上的领先又使他们很难与同龄人进行有意义的互动。一旦出了教室、餐厅和操场等社交圈子，他们就可能会受到孤立。

父母该如何提供帮助

儿童和青少年的社会经历、需求和能力千差万别。为了帮助交友存在问题的孩子，有些基本原则可供父母思考，首要原则就是避免把成人定义的社交要求强加给孩子。

第九章 培养孩子的社交智力

萨曼莎 11 岁了。她喜欢独处、阅读科幻小说和研究棒球比赛的数据。她的父母经常请人来家里吃饭，席间她也会参与谈话，而大人们常常对她的知识和见地感到惊讶。

萨曼莎周围的朋友大多是比她大一点的孩子。她有一个大家庭，喜欢跟各年龄段的堂（表）兄弟姐妹一起玩。大多数时候她觉得和同龄人一起玩很无聊，因此课间休息时，她更喜欢坐在树下看书。她很少被邀请去参加同学的聚会，但她似乎并不在乎。

萨曼莎的老师埃尔金德女士看到萨曼莎日复一日地独自坐在操场上，内心很是担忧。于是，她用一种"伙伴"结对的方式，将她和安娜配对。安娜是个健谈的小女孩，但不擅长学习。最终却是萨曼莎自己完成了所有任务，因为安娜的喋喋不休让她烦躁。两个孩子都没能从彼此身上学到多少东西，也都互相看不顺眼。

埃尔金德老师认为萨曼莎需要进行社交技能训练，就为她报名参加了由学校来访的客座社工组织的互动趣味小组。活动的参与者都是些受到霸凌或者遭到排挤的孩子，萨曼莎对此深恶痛绝。她开始担心自己是不是出了什么严重的问题，也无法再安心地一个人在树下看书，于是她问老师自己在课间能否待在室内。

有时父母、家庭成员和教育工作者会出于好意向孩子施压，要

求他们多交际，或者出去结交朋友。他们有时甚至会像萨曼莎的老师那样，给孩子报名社交技能培训课程，也不管孩子是否愿意。然而，强迫孩子更积极地参与社交活动并不是一个好主意。父母应该创造友好的家庭氛围，促进孩子与其他孩子的互动，解决孩子出现的社交和情感忧虑，并将自己建立的亲密、温暖的友谊示范给孩子看。

有些孩子虽然没有太多朋友，内心却十分满足。只有当孩子表现出攻击性、行为异常或主动要求学习如何与他人互动时，才有必要对其进行社交技能培训。仅仅因为孩子在课间休息时更喜欢坐在那儿阅读而不是玩一些吵闹的游戏就对其进行特殊培训，是完全没有必要的。

第二条基本原则是，学校应该为孩子提供最基本的庇护，不应用贴标签的方式将孩子分类或边缘化，应确保每个孩子都可以在安全和友好的环境中学习。父母可以在孩子的学校发挥推动作用，确保每个孩子都感到安全、舒适，能相互沟通。可采取的有效举措包括：帮助孩子解决矛盾冲突、成立父母互助小组、开展同伴调解培训以及促进老师在社会和情感方面的专业能力提升。

第三条基本原则是，不能期望孩子与相遇的每个人都相处融洽。当然，应该教育孩子尊重他人、礼貌待人。然而，跟成年人一样，孩子也可以自主选择想要打交道的人，他们会被某些人而不是所有人吸引。一般来说，孩子会和那些与自己有共同点的人（共同的兴趣、目标或经历）相处融洽。在学校没有必要跟每个人都合得来，但粗鲁、鄙夷和霸凌确实不可取。

当孩子想交更多的朋友，或与同学处不好关系时，父母可以鼓励他们将喜欢的课外活动（例如第八章中路易斯的合气道课程）当成社交媒介进行社会交往。这可以通过组建体育运动队、进行社区服务以及在街坊四邻、文化组织举办其他活动来实现。

父母也可以帮助孩子学习一些交友的基本常识，如坦诚待人、礼貌问候和以友好的方式回应问候、保持眼神交流、大声说话（确保能被对方听到但不要过分喧闹），还有许多关于问候过程的一些小细节值得学习。父母也可以和孩子玩角色扮演的游戏，练习如何主动打招呼以及如何回应，引发孩子对交朋友的兴趣。

父母可以帮助孩子学会友善待人、尊重他人，这样才会获得他人的积极关注。最理想的情况是，孩子幼时就能从家庭成员的相处上观察到这一点。但是，要将这些态度付诸实践，有些孩子需要花更长的时间学习甚至更明确的帮助。

一些孩子以为他们必须非常出色才能赢得朋友，这是一种妨碍交友的错误想法。这可能会导致孩子自吹自擂或哗众取宠，而这两种行为都可能对孩子的受欢迎程度产生反作用。父母可以让孩子意识到，如果其他孩子看到他们身上的相同之处（而不是不同之处），会对他更感兴趣。最好的交友方法就是保持自我，和善待人，找到与他人的共同点。除非你是个摇滚明星（在这种情况下，友谊有时是短暂而肤浅的），否则你不会为了博取眼球、让他人注意到你是如何特立独行和与众不同。

父母还能做些什么呢？确保友好的家庭氛围。鼓励孩子邀请小伙伴到家来玩，并尽你所能地接待他们。提前与其他父母确认好这些事。亲切地对待这些受邀来的孩子，给他们提供合口味的零食，让你的孩子和小伙伴们都感到舒适、安全、快乐。不要守在旁边或企图控制游戏时间，但当他们有需要时，得及时出现，确保他们能和睦相处。

给有兴趣帮孩子结交朋友和维持友谊的父母们的最后一个建议：孩子的友谊通常是建立在一起玩乐的基础上。跟受欢迎的孩子在一起很有意思。尽你所能帮助你的孩子学会如何享受与他人共处。但这种能力并非与生俱来。有的孩子需要学习如何发现并照顾其他孩子的爱好，还有的孩子需要学习如何一起做决策，或如何赢得起也输得起。

霸凌

孩子间霸凌问题的严重和普遍程度远超成年人的想象。在一份关于校园霸凌的公开报告中，作者写道：

学校里每天大约有 10% 的孩子受到霸凌。大约 30% 的学生作为目击者或霸凌者的同伴参与其中。同伴、老师和其他成年人很少干预和帮助被霸凌的孩子（他们要么没有认识到问题的严重性，要么视而不见）。被霸凌者可能出现身心健康问题，在极端情况下，他们会自杀。从本质上讲，霸凌是一种人际关系问题。它以伤害为目的，屡屡侵犯他人，具有能力不对等的属性。霸凌包含多种形式：社交霸凌、语言霸凌、身体霸凌、网络霸凌。

虽说人人都可能成为被霸凌的对象，但是，那些与众不同（比如智力超群）的孩子对于霸凌者来说更具吸引力。能力出众会增加孩子的孤立感，还可能招来同龄人的嫌弃、嫉妒或攻击。帕特里克现已成年，但他的故事仍然能引起人们的共鸣。

我的智力发育超群，而我的情感发育却未能同步发展，但在当时却没有人意识到这一点。七年级时我的阅读能力接近大学水平，但我处理冲突的能力却只是12岁孩子的水平。

一天下午，我和朋友们在打一场我们自创的类似棒球的比赛，我被朋友的恶作剧捉弄了，尽管之前其他人也曾受过这种戏弄，但朋友们的嘲笑使我感到受伤，我气冲冲地离开了人群。

之前其他人被戏弄时，没有人会生气地走开。第二天我们又爆发了一番争吵（我还在为这件事耿耿于怀），于是在接下来的春季学期里，这群曾经的朋友都在排挤我、找我碴。我不计一切代价地想离开那所学校，于是说服我的父母在第二年给我转学。我在情绪上没法处理这种日益糟糕的情况。再次回想那段生活时，我意识到，那时霸凌之所以成为一个大问题，是源于我对那次冲突的反应。

情绪管理能力并非生而有之，即使对于那些在其他方面都聪慧过人的人来说，情况也是如此。卷入霸凌的孩子，无论是被霸凌者还是霸凌者，通常都需要父母的帮助才能学会控制怒火或不要急于攻击他人。

清单：防止霸凌的 4 种方法

父母可以教给孩子 4 种防止霸凌的有效做法：

1. 回应他人的评论和行为之前，要仔细考虑事情的前因后果，并思考有没有其他回应方式。
2. 学会宽容，积极而不是怀疑地看待别人的言行，问问自己："看待他人言行的最好方式是什么？"
3. 质疑自己的推断，学会把对问题的看法与实际情况分开。
4. 充分意识到自己的行为可能会产生的后果。

如果在那次棒球事件之前，或在事态进一步升级之前，有人帮助帕特里克和他的朋友们掌握这些技巧，他的故事可能会有完全不同的结局。

"不喜欢赛斯的请举手。"虽然很难令人相信，但这些话确实出自一位八年级老师之口，是关于他班上的一个学生。的确，老师可能有理由对这个问题学生感到沮丧懊恼，但这句话向班里的每个孩子传达了一个信息：边缘化和羞辱他人（尤其是赛斯）是可以接受的。时光飞逝，几年过去了，这种刺痛仍然在赛斯心头挥之不去，久久不能忘怀。

那么，想象一下，霸凌事件不是发生在教室里，而是发生在一个更大的论坛上，并以无法控制的方式发酵。孩子使用社交媒体可以轻而易举地刺激到其他孩子。"讨厌奎因的人可以爆他的黑料。"可悲的是，这种霸凌太过稀松平常，有时还会酿成悲剧。随着社交网络平台和手机设备的激增，这种伤害也变得越来越显著。网络流言传播广泛、快速且不受限制。目标孩子可能会变得消沉、抑郁，甚至产生自杀倾向。

越来越多的孩子可以轻松上网，在网上沟通、交友。成年人可能对孩子所接触的广阔的技术领域知之甚少，甚至一无所知。即使是精通技术并积极使用社交媒体的父母，也可能不知道孩子都在做些什么。这使得那些关爱孩子的成年人也很难识别、预防或阻止一个非常现实且越来越危险的问题——网络霸凌。

父母关于网络霸凌的疑问

我们在这里解答一些常从父母那里听到的疑问。

- 什么是网络霸凌？网络霸凌是种常见的恶意骚扰形式，被称为"虚拟世界的施暴（网络暴民）"。它包括但不局限于：（1）黑客攻击：侵入他人的电子邮箱或网站，发送不良信息或图片；（2）抹黑诽谤：在社交网站上散布谣言，创建仇恨小团体、创建网络"黑"页或发布一些令人尴尬的个人资料；（3）破坏损害：发送计算机病毒，导致计算机崩溃、窃取或删除信息。

- 尽管面对面的霸凌和网络霸凌都具有侮辱性，但后者尤其令人不安。由于网络霸凌者可用网络假名隐藏真实身份或拥有多个佚名的电子邮件地址，因此要找到他们沟通或讲道理是极其困难的一件事。大批人员可以在短时间内发起网络霸凌（只需在键盘上敲些文字即可）。此外，由于霸凌者不会立即目睹网络攻击的严重后果，他们完全可以无视给他人造成的重大伤害。当伤害行为升级、威胁继续蔓延时，霸凌者却处在庇护之下。

- 旁观者的影响怎么强调都不为过。无论是面对面的霸凌还是网络霸凌，不加阻挠的旁观者都会助长霸凌者的气焰，这也是问题的一部分。任何通过嘲笑、发表负面评论、转发信息、保持沉默甚至一走了之来纵容霸凌行为的人，都与霸凌难脱干系。

- 父母如何判断孩子是否正遭受网络霸凌？如果孩子上网时开始表现出不同寻常的行为，那父母一定要查明缘由。如果孩子突然停用电脑或手机，收到信息时神色紧张，外出时表情不自在，表现出愤怒、焦虑或孤僻的倾向，回避与家人朋友的谈话等，父母都应保持警惕。

- 父母如何判断孩子是否正在实施网络霸凌？一个孩子的技术越熟练，就越可能通过网络羞辱他人或以技术攻击他人，从而成为一个不被察觉的霸凌者。参与霸凌的人为避免被发现可能会突然变换活动、讨厌互联网的访问限制、对于他的在线活动避而不谈或开设多个账户。任何一种不同寻常的、回避性的或成瘾性的网络行为都值得父母关注。

- 网络霸凌和高阶学习需求之间有什么联系？家有智力超群的孩子的父母要特别注意网络霸凌的两个方面。第一个是技术专长既可以用于积极的目的，也可以用于破坏性目的。大多数在计算机方面极具天赋的孩子会积极地运用他们的技能，而有些孩子会禁不住诱惑去捉弄、戏耍别人。另一个值得关注的问题是（与任何形式的霸凌一样）孩子可能会因为超高能力而成为被针对的对象。能力超群的孩子可能会招致羡慕、嫉妒或嘲笑。

- 如果孩子成为霸凌目标或卷入霸凌，父母该如何帮助孩子呢？要保护孩子免受各种形式的霸凌（包括网络霸凌），就要关注孩子的社会关系。如前文所述，"从本质上讲，霸凌是个人际关系问题"。父母可以帮孩子学会解决冲突的方法、健康交友、在遭遇霸凌之前形成应对机制，意识到即使是网上玩笑般地"戏弄"他人也会造成可怕的伤害。

关心霸凌问题的父母可以推动老师进行营造安全课堂环境的相关培训。老师可采用的策略有创建交流论坛（包括虚拟的形式和面对面的形式），向有意改善学校氛围的老师、父母和学生开放；培训孩子成为同伴调解员，以便及时帮助解决孩子间的冲突。老师也可以围绕霸凌旁观者和守护者的作用，与学生展开讨论；还可以与父母共同努力，建立密切的家校联系，从而使信息更加深入和一致。

> "当人们一次又一次地伤害你，把他们想成是一张砂纸。他们可能会刮伤你，但最终被打磨抛光的是你。"
> ——克里斯·柯尔弗

积极主动的执法也非常有效。可以邀请警察到学校来助力孩子教育，使其对以下问题有更清醒的认识：霸凌潜在的严重性；网络攻击的影响；相关法律条款；如何以及在何处举报跟踪、骚扰或威胁等罪行；日常和线上如何采取安全行为以预防霸凌或防止其愈演愈烈。随着对霸凌现象的严重性的认识日益增强，人们开始采取法律措施解决这一问题。在加拿大，新斯科舍省率先制定了旨在遏制网络霸凌的法律，更多的司法管辖区也纷纷效仿。

清单：减少校内霸凌的对策

父母在学校发起的倡导可以对孩子的霸凌经历产生重大影响。减少校园霸凌（包括网络霸凌）的策略如下：

- 提高旁观者、父母和老师及早介入的意识。
- 强调霸凌者和被霸凌者都需进行心理健康疏导。
- 强调成年人在反霸凌行为上要做出榜样，包括作为旁观者时应及时叫停。
- 支持孩子建立一段健康的人际关系。
- 通力合作，例如，重新组建家庭老师协会，建立由孩子、父母和老师组成的24小时支持网络，如有需要随时待命。

孩子需要知道，如果他遭遇霸凌，有人会帮助他，关爱他的成年人会竭尽全力地阻止这种霸凌行为。任何孩子都不需要独自面对暴行。

社会环境的重要性

一个人生活在什么地方以及与什么人产生联系，都会对他的经历和智力发展产生巨大影响。越来越多的人认为智力不是"大脑中的一团东西，而是人与人之间的一种互动"。

当孩子获得社交网络的支持和鼓励，且能在现实世界中找到学习的理由时，他们的学习效果最理想。16岁的海蒂想作为交换生去意大利待一个夏天，以下是她分享的故事：

> 我向父母解释说，如果一个生活在英语地区的人，想通过上课学习意大利语，那感觉可能更像是在工作——在接受大量的训练。但假如她可以在意大利待一段时间，学习就会变得很有动力。她既可以参加一些课程，也可以找机会与店主、服务员和其他人交谈。她可以花一整天的时间去学习语言，并且天天如此。她可以看超市的商品标签和包装，看有英文字幕的意大利电影（或有意大利字幕的英文电影），可以结交新朋友，然后跟他们一起练习意大利语。

海蒂不仅机敏，列举的内容还很有说服力。起初，她的父母有些犹豫不决，但在学校辅导员的帮助下，海蒂以合理的计划打动了父母。值得一提的是，在意大利期间，她的语言学习进展神速，那年夏天她在意大利语方面打下了良好的基础，在接下来的几年里日趋娴熟。正如这位意志坚定的少女如此确定地指出的，如果必须要讲这门语言，那么身处这种语言所在的社会环境将是一股强大的动力，很有可能加速学习过程。而且，正如她所预测的那样，相比留在家中上课，去国外生活一段时间，通常收获会更丰厚。

社会环境（包括与他人互动和合作的机会，以及真实世界中的问询和结果）对学习的内容、数量及速度有巨大的影响。老师深信教育的价值，有时却忘记了情境关联的重要性。父母可能关注孩子的成绩或其他问题，有时会忘了社会环境的重要性。孩子的茁壮成长并不是凭空发生的，而是需要适当的互动和支持。

> "智力上的巨大突破不仅与他作为一个独特个体有关，
> 而且与环境、合作和好运同样有关。"
> ——巴里·海默、杰克·怀特黑德和玛丽·赫克斯特布尔

始于15世纪佛罗伦萨的欧洲文艺复兴，强有力地说明了社会环境、合作与智力发展的真实相关性。文艺复兴促使金融、艺术、建筑、科学、文学、政治等领域取得了非凡的成就和发现。政治历史学家罗伯特·帕特南对这一百花齐放的历史时期进行了分析，发现并不是个别的天才创造了文艺复兴，而是文艺复兴的社会环境造就了这些天才，让他们的成就成为可能。正是因为这一历史时期社会资本活跃，加上互惠互利、前后衔接的关系网，才让达·芬奇、尼可罗·马基亚维利和米开朗琪罗等人的创造之花蓬勃绽放。

从造就了非凡的创造性生产力的硅谷社会环境中，我们可以找到这些因素相互协作促进智力发展的现代例证。路易斯·阿尔瓦雷斯和威廉·肖克利两人都曾接受过智商测试，他们的智商都没有达

到刘易斯·特曼对天赋里程碑式研究的标准，但他们后来却因为发明晶体管和在基本粒子物理学方面的研究而获得诺贝尔奖。与文艺复兴时期一样，硅谷的故事之所以有趣，并不是因为个人的天才贡献，而是因为社会环境促进了彼此融合，孕育了创造性合作，增强了全球沟通畅联的可能性。

多年来，约瑟夫·兰祖利和他的同事们一直在证明如何通过创造一个社会环境，使孩子能在成年人的关爱帮助下，一起努力发现和解决真正的问题，从而促进更多人的高水平发展。当人们生活或工作在一个社会互动积极有益的环境中，其发展是永无止境的。例如，2014年，当加拿大奥运会男子曲棍球队队长西德尼·克罗斯比被问及如何赢得奥运金牌时，他说："我们一直在一起打球……我们彼此信任，对我们的打球方式深信不疑，并坚持下去。"

学会自我接纳

在我们心中的完美世界里，孩子的幸福重于一切。他渴望得到必要的指导、培养和支持，以实现自己的抱负。每个孩子的幸福都是最重要的。他渴望有所成就，且希望得到实现抱负所需的指引、栽培和支持。当周围的同龄人都积极向上时，他也能学会如何管理不良情绪和负面事件的影响。他在很多领域都能获得学习挑战和学习机会，有时也懂得与他人通力合作。他的知识面不断增长，兴趣

第九章 培养孩子的社交智力

也不断加深。他不断突破自己的舒适区，不断拓展自己的思想。当在自己重视的领域取得成功时，他会信心倍增。

> "我们征服的从来不是高山，而是我们自己。"
> ——埃德蒙·希拉里

父母能培养孩子什么样的社会力量和抗逆力，以帮助他们实现目标，迎接难免要经历的挑战呢？

在前面的章节中，我们讨论了孩子（尤其是在童年早期）接触各种各样有趣的探索机会（无论是自己还是与他人一起探索）的重要性。随着孩子能力的提高，他们需要更大的挑战、更高水平的指导、与兴趣相投的人持续互动以及更多时间的严格训练。在不断成长，从小试牛刀到真正学有所成的过程中，他们的社交心理技能（如抗逆力、情绪的自我调节、人际交往能力以及在困难面前保持优雅的风度）变得越来越重要。

若想取得长期的成功，积极主动的育儿方式包括示范有效的社交技能，帮助孩子培养对自己优缺点的认识，明白他人也有优缺点。父母可以与孩子坦率地谈论个体差异，展示当一个孩子的信心不可避免地受到威胁或损害时，应该如何恢复自信等。

虽然对孩子来说，"玩游戏"听起来像是他们所厌恶的社会从众行为，是对真实自我的一种胆怯退缩，但它实际上是在任何领域都能取得成功的关键因素。学习玩游戏意味着要了解某个特定领域的工作方式，以便与他人展开有效的沟通，并取得成功。例如，一个年轻的音乐家如果想要获得稳定的工作，就需要学习如何与指挥、营销人员、录音室技术人员和其他音乐家相处。就像一个年幼的孩子如果想与其他孩子一起玩游戏，就需要尊重操场上的规则和玩具分享的精神。父母帮助孩子注意到这些游戏参与规则，以及这些规则随社会环境变化的转化方式，就是在为他们走向成功提供一个重要方法。

孩子想要与他人相处自如（也就是说，建立和发展舒适而有意义的联系），他们首先要对自己感到自在。自我接纳建立在对自己存在方式的认识基础上，包括态度、能力和责任。它也与个人身份（年龄、性别、性别认同、文化背景等）和价值观（例如，正直和责任感）有很大关系。健康的自我接纳为社交智力和根本的智慧提供了最坚实的基础。实现明智的自我接纳可能需要一生的时间。本书为父母提供了一些策略，帮助孩子在这一令人兴奋且有价值的努力中做到先人一步。

确保每个孩子都受到重视

有多个孩子的父母会告诉你，每个孩子都是独一无二的。无论态度、气质、天赋、外貌或其他方面，同一家庭的孩子都有所不同。这些差异是可以理解的，但它们也可能成为冲突的根源。

第九章 培养孩子的社交智力

> "比较使得兄弟姐妹的和谐共处走向终结。"
> ——伊丽莎白·菲谢尔

体贴的父母会考虑不同孩子的需求,无论是个人的还是集体的,都会尽己所能地满足他们。为了培养孩子的个性,支持他们的成长,父母必须想办法让每个孩子发现自我并成为自我,当道路曲折或遇到意想不到的弯路时,为孩子提供方向指导。即使几个孩子拥有相同的父母和家庭环境,他们的学习方式也会因动机、兴趣或个人特质的不同而有所不同。他们的行为、成长和思考问题的方式也会非常不同。多娜是9个兄弟姐妹中的老大,他们每个人都有着不同的人生道路,关于此事她可以现身说法。

每个孩子都需要许多不同的机会探索自己的独特之处,探索自己想成为什么样的人。父母中如果至少有一人重视他在探寻过程中的努力,对他的发展是最好的。例如,如果家庭中一个孩子学习钢琴协奏曲,另一个孩子是社区足球明星,第三个孩子对天体物理学感兴趣,第四个孩子喜欢阅读推理小说,第五个孩子想成为大厨,那么父母应尽量确保他们都有机会发展自己的兴趣,这需要父母尽力兼顾平衡,而最终所有付出的努力都是值得的。

如果其中一个孩子在一个或多个领域表现得异常聪慧,该怎么办呢?其他家庭成员,如兄弟姐妹、祖父母和大家庭成员,可能不理解或不欣赏他的特殊需求、倾向或能力。他们可能没有意识到，智力超群的孩子也像其他孩子一样，可能会经历学业、社交或情感上的曲折动荡，可能也需要某些领域的指导。当家庭成员一起努力，尊重彼此的独特性，理解智力只是孩子众多方面的一个方面时，家庭才能运转良好。

就像高效的老师在课堂上区分学习者一样，父母也应尝试区分他们的养育方式。虽然有时整个家庭可以享受一起做事的乐趣，但也需要根据每个孩子在特定时间点渴望发展的兴趣，提供不同的学习机会和活动。想象一下这些场景：

- "每次哥哥开口发表意见时，爸爸都会认真倾听回答，就像哥哥刚说了什么精妙绝伦的话，哪怕哥哥说的只是蠢话而已。但当我说话时，不管多么重要，爸爸只会打哈欠。根本没人在意我。"
- "妹妹苏菲算得上钢琴天才。我们家的安排围着她的练习时间表、排练和音乐会转。妈妈从不开车送我去任何地方，因为她总是要接送苏菲。家里买不起我想要的科学实验用品，因为所有的钱都花在苏菲的课和她的三角钢琴上了。"

从那些与"超级明星兄弟姐妹"一起长大的孩子那里，我们经常听到的一个担忧是，他们感觉自己在出色的兄弟姐妹面前黯然失色，无论是在学术、体育、音乐还是其他方面。为了尽可能地培养一个孩子的才能，一些父母忽视了家庭中其他孩子的需求，或者在表现出特殊才能的孩子身上投入了过多的金钱、关注、情感或时间，其他孩子却几乎什么也得不到。我们也遇到过另一种父母，为了不让其他孩子感受到冷落，他们对某个孩子的特殊才能表现得不以为然，这也有失平衡。

这之间的平衡很难取舍，所以父母要协调每个孩子的需求，应该多观察、倾听，并根据需要重新分配他们的时间和精力。关键要确保每个孩子都感受到尊重和重视。

父母在进行平衡时需要注意的另一个方面是，有的孩子会试图遮掩自己的不寻常之处或超乎常人的能力水平，可能是因为他不想向任何人展示自己或者不想过多地消耗超过自己份额的家庭资源。

还需要考虑的另一个复杂情况是，父母可能会削弱孩子在其兄弟姐妹所擅长领域的信心。例如，在一个家庭中，一个孩子被认定为"头脑聪明"，另一个被认定为"擅长运动"，"头脑聪明"的孩子可能认为自己没有运动天赋，而"擅长运动"的孩子则可能会觉得自己不够聪明。当然，孩子因为个人特长而受到夸赞是件好事，但父母必须在这两者之间取得平衡，对每个孩子的多方面的能力和兴趣都要有细致入微的了解。

兄弟姐妹之间有多种竞争形式，家庭中若一个或多个孩子特别受认可，竞争可能尤其激烈。父母可以留意（也可以试着调和）那些更被认可的孩子对自己的成就是轻描淡写还是夸夸其谈，那些不太被认可的孩子是贬低还是抬高兄弟姐妹的成就，抑或贬低自己的成就。当每个成员都因与其他成员的联系而感到更强大的，家庭才会向最好的方向发展。

作家乔伊斯·梅纳德写道:"不仅孩子在成长,父母也是如此。就像我们在看孩子如何生活一样,他们也在看我们是如何对待自己的生活的。我不能叫我的孩子去摘星揽月,我只能以身作则。"一旦践行了自己的承诺,加上重视自己的优势,父母就可以帮助每个孩子得到能发扬其引以为傲的能力和成就的最好机会。

令家庭和睦的那些特征(相互尊重、不吝夸奖他人优点、耐心包容他人缺点、善解人意、诚实守信等)也适用于孩子的社会交往,不管是在操场、学校、课外活动,或是在以后的大学和工作场合中。

第九章　培养孩子的社交智力

养育的秘诀

1. 孩子的友谊很重要。社交网络是提高抗逆力的最重要因素。
2. 当孩子的智力发展超过他们的情感和社交能力的发展时，与他人分享共同点对他们来说就成为一种挑战。父母可以帮孩子找机会与志趣相投的同龄人进行交流。
3. 如果父母认为他们的孩子在交友上有问题，有3个原则要牢记于心：(1) 避免把成年人定义的社交要求强加给孩子；(2) 学校应该成为接纳和尊重多样性的地方；(3) 孩子（像成人一样）应该选择那些与他们有共同点的人作为朋友。
4. 尽管智力超群的孩子并不比其他人的社交问题更多或更少，仅仅是与众不同这一事实就会引起同龄人的排斥、嫉妒或攻击。父母应该注意到这一点，并在需要时提供指导。
5. 卷入霸凌的孩子，无论是受害者还是霸凌者，父母可以教他们这样做：(1) 进行回应前仔细考虑前因后果，思考有没有其他回应方式；(2) 宽容他人；(3) 质疑自己的推断；(4) 充分意识到自己的行为可能产生的后果。
6. 赞美孩子的个性、努力和成就。自我感觉良好的孩子才有可能更自信，也不太可能成为被霸凌者或参与者。

7. 父母可以帮助孩子应对网络霸凌。教他们如何妥善地解决冲突，参与安全可靠的网络活动，教他们应对各种攻击的策略，并帮他们意识到看似轻松的网络嘲笑都会引发危害性后果。
8. 孩子的学习若基于现实的社会目的，则效果最好。
9. 学习如何成功地与不同群体互动是在人际关系、事业和生活中取得成功的一项重要的社会技能。父母可以亲身示范，并与孩子探讨。
10. 兄弟姐妹通常有不同的优势。在一个健康的家庭氛围中，每个人都应对自己的能力感到满意，并重视他人的能力。

最后两章探讨了孩子成长过程中会出现的一些情感和社交挑战，提出了帮助孩子更好地应对困难、情感和人际关系的策略。是时候总结本书的所有线索了。第十章将着眼于如何让孩子茁壮成长，使他们不仅头脑聪明，而且能在瞬息万变的世界中成就满满、坚韧不拔、乐于创造。

第十章

让孩子茁壮成长

第十章 让孩子茁壮成长

> "将欲取之,必固与之。是谓微明。"
> ——老子

本章重新审视了书中分享的部分观点,同时就进一步促进孩子发展提出了一些新理念。本章先呈现了最重要的 7 种育儿实践,随后深入探究了一些问题的解决方案,比如,"如何教孩子多进行自我反思?""怎样才能帮孩子变得有智慧、有个性?""如果孩子不够聪明,又该如何应对呢?"最后,我们着眼于父母的长期目标,对未来进行展望。并在末尾附上一份测试清单,梳理回顾了父母可以采取的许多策略,以使孩子更有可能过上成功充实、乐于创造的生活。

超越智力

"正念"可以帮助人们充分发挥自己的聪明才智,了解什么对自己和他人最重要,同时也为培养更深刻的洞察力和同理心、健康的自我意识、人际关系、决策和领导能力奠定了基础。

家庭生活专栏作家吉姆·希格利写过很多有关正念育儿的文章,并倡导父母应该遵循3条简单规则。

规则1:"暂且搁置"规则。意思是在对孩子的毛病、行为或问题进行回应之前,先给自己留出思考的时间;

规则2:"30秒"规则。这一规则源于他对孩子的仔细观察,他发现孩子极其厌烦父母的说教,所以即便父母觉得非说教不可,也应该把时间限制在30秒以内;

规则3:"不要帮忙解决一切问题"规则。希格利发现孩子分享自己的问题,通常只是希望得到别人的倾听和足够的尊重,然后再自己解决问题。

> "无论如何定义,大多数取得成功的人都有着清晰的自我认知,他们知道自己能为自己、他人和世界带来什么。"
> ——罗伯特·斯滕伯格

和书中讨论的其他问题一样,正念也可以经过后天教导习得。虽说越来越多的学校开始教授正念的学习内容,但父母在家也可以培养孩子的正念习惯。教孩子学会正念，意味着要密切关注日常生活的点滴，充分意识到每一刻的意义。同时意味着，要教会孩子面对各种人物、事件和情况时，给予回应之前要进行充分的思考，突破传统的惯性思维或冲动反应，在感知和回应之间创造时间差。这还意味着，远离所有让人分心的东西（手机、朋友、电子设备），每天至少花上几分钟的时间审视内心，关注自己的想法、感受和反应。父母如果在日常生活中做出正念的示范，孩子就更有可能自己去实践。

马丁·路德·金说过："教育的功能是让人们学会深入思考和批判性思考。习得智慧、培养品格，这才是教育的真正目标所在。"孩子只有通过明智的反思，才能获得更大的收益。

父母和老师可以携起手来，通过诸多活动（有意义的讨论、角色扮演活动，或者与当前挑战主题相关的亲身调查）培养孩子的本土意识和全球意识。同时，孩子还可以自己选择去了解其他特别感兴趣的领域，如自然资源的使用（和滥用）、社会正义的进步（和倒退）。基于社区的教育项目既可以激发孩子的参与兴趣，又能激励孩子取得进步。"我到我们"（Me to We）项目就是一个很好的例子，该项目由加拿大人克雷格和马克·柯伯格发起，号召青少年以行动（如做志愿者）改变世界。他们把自己在加拿大多伦多所做的"儿童解放"（Free the Children）项目转化成了一个全球性的活动，旨在让青少年参与到改变社会的行动中去，并坚持下去。

科学家大卫·铃木一语中的地说："只教年轻人如何谋生而不

教他们如何生活的教育体系，没有多大的价值。"因此，除了要促进孩子智力和创造力的发展之外，父母还需要培养孩子的一些基本美德，如尊重、诚实、善良、正直、责任和耐心等。他们还可以要求孩子在学校尊重和践行这些能塑造品格、提升智慧的美德。

智慧无法可靠地量化，也不容易被定义。但想想它在现实世界中的样子可能会有所启发。关于什么是有智慧的人，这里有一个观点，来自对智力、创造力和智慧间的相互作用感兴趣的研究人员，"有智慧的人不会只关注自己的利益，也不会忽视这些利益。相反，他们巧妙地平衡了各种不同的利益（包括他们自己的，也包括其他人的）。有智慧的人会意识到，短期内看似明智的做法，从长远来看却未必如此。"

对我们而言，智慧意味着超越智力的局限。它不仅包括获取知识，还要思考个人的行为对环境的影响，以及做出让世界变得更美好的选择。这意味着以自己希望别人对待自己的方式对待他人，并养成反思日常行为的习惯，比如问自己："如果每个人都像我一样行事，会发生什么？"

我们非常认同玛德琳·莱文所倡导的教育方式，她将反思习惯、智慧和品格的培养融合在了一起，"诚然，我们都希望孩子在学校能有出色的表现，但我们更希望他们在生活中也能表现出色。父母的责任就在于：帮助孩子深入了解自己，欣赏自己；满怀热情地接纳这个世界；帮助他们找到一份激动人心、成就感满满的工作；帮助他们结识充满爱心的、忠诚的朋友和配偶；使他们坚信能为社会做出有意义的贡献。"

安德烈娅·奈尔以幽默和热情的口吻，揭示了当下育儿策略所面临的真实挑战，并基于自己的经验，提出了一些实际建议。在最近的一篇专栏中，她撰写了一份循序渐进的父母行动指南，指导父母在孩子的教育问题上保持冷静、共情孩子，即使在不耐烦和有压力的时候也要如此。奈尔将其分解为7个基本步骤：（1）注意自己的消极想法；（2）按下暂停键；（3）缓慢松开暂停键；（4）用新想法代替消极想法；（5）按照新想法行事；（6）调整情绪，与孩子"共情"；（7）重复上述步骤。奈尔写道："经过不断实践，不断刷新认知，情况终会得到改善。"

正念的思维习惯是品格和智慧发展的起点。父母可以在日常生活中示范正念和关爱的方式，帮助孩子超越智力的局限，过上更有思想深度的生活。

特雷西·丹尼斯既是儿童发展心理学家，也是一位母亲。她在博客上讲述了父母面临的一个相对较新的挑战：数字媒体对孩子的影响。虽然她没有建议，在孩子身边时，父母应杜绝使用数字产品、避免一心多用，但她认为，父母对此一定要有正确的认识，将数字产品的使用频率保持在最低限度，"一直使用数字设备，肯定会妨碍我们直视孩子的眼睛、倾听他们说的话、敏锐地捕捉他们的感受，也接收不到他们眼神里传递的火花。从这一层面讲，父母照顾孩子时使用数字产品意味着他们人虽在场心却缺席，不利于真实了解孩子的需求。"

另一位杰出的心理学家凯瑟琳·斯坦纳-阿戴尔也写过一篇文章，探讨在受到数字技术侵蚀的当下父母面临的挑战。她以动人的笔触讲述了儿童发展亘古不变的基本原理，包括这一基本事实：孩子的成长需要父母倾注时间和关注，越是和睦健康的家庭关系就越能促进孩子的茁壮成长。斯坦纳-阿戴尔博士警告说，如果父母总是"被虚拟世界的召唤所吸引"，那么这一事实便无从谈起。在她的书《最大分歧：在数字时代保护孩子童年与家庭关系》(The Big Disconnect)的最后一章中，她向父母提出了诸多建议，帮助他们把当下技术转化为促进孩子成长的"亲密无间、创意十足且目标一致"的"盟友"。

孩子不那么聪明该怎么办

孩子的智力是在父母和其他人的支持下建构的。所以有时父母会问："如果孩子不是特别聪明，我该怎么办？这是否意味着我没尽好父母的责任呢？"我们会明确且态度鲜明地回答道："当然不是！"虽然父母可以培养孩子的智力，但是孩子发展的许多方面，如兴趣和性情等，在很大程度上并不受父母的影响。父母能做的是为孩子的天赋营造可能的发展环境。

第十章 让孩子茁壮成长

> "我并不比别人聪明,我只是在问题上周旋得更久一些。"
> ——阿尔伯特·爱因斯坦

父母的确在塑造孩子习惯、态度,为其创造学习机会和培养应对技巧方面发挥着重要作用,但其他方面的发展则主要取决于孩子本身及其成长环境。

"小时了了,大未必佳",认识到这一点很重要。为了验证童年发展因素和环境对后期成就的影响,我们对一些成就卓越的成年人进行了回溯性研究,结果表明他们的成就与其童年时展现的天赋几乎没有联系。童年时期的优秀表现更有可能带来杰出成就的领域包括小提琴演奏、体操和芭蕾舞等,除此以外,多数人成年后取得成就的领域与其童年时期的天赋无关。

技术进步为懂得利用技术的人提供了新型的学习机会。新的设备、软件和应用程序被用来帮助有学习问题的孩子。数字工具既可以扩大地区性的合作机会,也可以扩大全球性的合作机会。对于那些不愿意进行面对面交流的孩子来说,数字工具还可以提高其社交参与度。虽然使用数字技术有时间和地点要求(比如围着餐桌吃饭时就不大适合),但在这个人们越来越依赖科技的世界里,拥有强大的数字技能的孩子更有优势。

在考虑促成孩子最终成就的因素时,另一个需要牢记在心的重要变量是时间。有很多伟大的小说家、哲学家或其他领域的大家,在孩提时代都毫不起眼甚至略显笨拙。在圣乔治学校，就有一份温斯顿·丘吉尔小时候的成绩单，落款为 1884 年 4 月。成绩单上并未提及那时丘吉尔的智力水平有多优越，也未记录任何能与其后来成就相符的潜质。恰恰相反，成绩单中显示，他在班里的 11 名男生中仅排第六。成绩单上还对他进行了如下描述："在每个人眼中，他都是一个解决不掉的麻烦，总是身处这样那样的困境……做什么事都不能令人放心……真是丢人现眼。"

约翰·格登的故事则是更近一点的案例，它说明即便是那些成就卓越的成功人士，在童年时也不一定能得到认可。2012 年约翰荣获诺贝尔生理学或医学奖，但高中生物老师在他成绩单上的评语却是："他的成绩差得很……不听取别人的意见，又总以自己的方式行事，也因此几次惹上麻烦。我知道他想成为一名科学家，但就目前的表现来看，有点不切实际……无论是对他自己还是对老师来说，这纯粹是在浪费时间。"

这里要传达给父母的关键信息是，任何人都无法准确衡量孩子的潜力。正如我们在第一章中所说的：如果有人拿出水晶球预言说，你家孩子未来潜力有限，那就砸碎那个水晶球吧！（也给老师们提个醒：写学生评语时，务必谨慎一点！）

父母可以采取多种方式培养孩子的智力、创造力和其他优势，同样，他们的很多做法也会延迟甚至阻碍孩子的高水平发展。如果非让我们列举一份"父母禁忌"清单——虽然此处我们并没有提供一份样本——它一定会包括以下几点：反复给孩子灌输那些陈词滥调，阻止孩子探索自己的兴趣、追随自己的激情，孩子需要他们时却常常不在身边，过度插手孩子的活动，限制孩子的学习机会。

"父母禁忌"清单还包含很多其他内容。但是，比起罗列负面清单，我们更喜欢强调一些正面引导：父母要了解孩子的发展方式，并尽最大努力予以支持和鼓励，那么孩子的能力才更有可能在适当的时候发展起来，这无论发生在童年、青春期还是成年期都不要紧。我们建议父母要像跟孩子相处时那样，对自己也要有同理心，保持耐心，善解人意。

总结

我们希望你能从本书中得到启发，但也许最重要的一点是：智力既非天生也非固定不变。智力并不是某些人独有的属性。通往卓越的途径复杂多样，具有社会属性，会因个体、发展时期、背景、文化而异。智力，也许还有同样重要的创造力，都是随着时间变化而不断发展的，会受到许多因素的影响。

> "我们一定要有恒心，尤其要有自信心。"
> ——玛丽·居里

关于大脑是如何发育的，我们还有很多东西要了解，但就目前已知的足以说明玛丽·居里说得很对，她强调坚持不懈是造就成功并收获自信的关键。"是的，我们可以！"这种自信的态度会让父母和孩子更有可能为自己创造最美好的生活。

测试：你的养育是否有助于孩子茁壮成长

最终测试对上文探讨的 7 个重要理念进行了简要的回顾。

1. 你是否关注孩子，认真倾听他们的话，仔细观察他们的行为，对他们的兴趣了然于心？

快乐高效的育儿方式首先就是要与孩子的个性、兴趣和需求相匹配。从婴儿期到成年期，父母的关心以及回应，会鼓励孩子的好奇心、探索欲和恒心的发展。这是培养智力和创造力的前提，也是取得成功、有所成就的前提。

2. 你是否培养了孩子的能力、兴趣和创造力？

智力和创造力都是可以后天积极习得的。只要给孩子提供合适的机会、支持和挑战，其智力和创造力会随着时间推移而不断发展。你是否为孩子提供了你所能想到的各种不同的体验，是否鼓励孩子去探索心中所求？是否为孩子提供了所需的资源和支持？是否为孩子树立了热爱学习、追求兴趣的榜样？父母只有展现出智力和创造力，才能成功地教会孩子明智行事、锐意进取。

3. 你是否秉持成长型思维模式，是否支持孩子发展这种思维模式？

学习是一步步进行的。孩子的聪明才智并非天生，而是源于对感兴趣领域的诸多探索经历，源于学习过程中合适节点的挑战、磨砺。父母可以教导孩子直面挫折，将其视为取得进步的有用信息。成长型思维模式会使父母和孩子更加自信、敢于冒险、更有动力，并最终取得成功。成长型思维模式有助于父母应对养育孩子过程中不可避免的教育挑战。

4. 你是否专注于孩子的教育匹配？

好的教育并不是指把孩子送进最好的学校，而是要找到并维持最适合孩子的教育方式。仔细分析孩子的兴趣和能力，充分考虑到他可能遇到的挑战，就能更好地了解他的学习需求以及所需的学业、社交和情感支持。父母至少要了解一些关于评估以及其他教育过程的基本知识，这样才能成为孩子教育的明智支持者。

5. 你是否培养了孩子的情商和社交智力？

无论孩子的学习能力有多强，只有具备了自我调节能力和社交技能，才能享有充实的生活，才会更快乐。有时孩子的智力和创造力会导致他产生异于他人的格格不入感，面临交友问题，或者其他困难。父母可以与孩子一起努力，必要时也可寻求他人的帮助，以防止、减少和解决可能出现的问题。

6. 你是否愿意与他人合作？

为孩子提供最好的教育支持，确实需要整个社区群体的共同努力。孩子越优秀，就越需要找到他可以与之交流的人，确保孩子能够继续进行有意义的学习。这意味着有时要寻求专业人士的帮助，但更多时候，需要你与其他父母、老师、朋友和家庭成员进行沟通，共同思考如何实现最优的学习成果。合作探究（包括开展"争取"活动）可以为孩子提供更丰富、更有挑战性的学习机会，也为其充分发展各种能力提供更多的途径。

7. 你知道孩子幸福的核心是什么吗？

让父母认识到什么才对孩子最重要，是贯穿本书的主线。这意味着要考虑所有的情境因素，包括孩子的气质、喜好和兴趣，家庭动态，以及健康状况、经济条件、可提供的支持等因素。此外，学校规定、社区潜力和文化价值观同样需要被考虑在内。父母以身作则，在正念、人格力量和智慧方面树立榜样，就能促进孩子发展和运用此类重要能力。

每个孩子的发展道路都是独特的，会随时间推移而发生变化，每个家庭的情况又各不相同，所以上述有些理念在某些情况、某些时间点会变得更重要，而有些理念则是在其他情况、其他时间点更重要。例如：

> 乔希是个活泼又好奇心旺盛的小男孩。他喜欢学习，但讨厌坐在那里一动不动。他从幼儿园时期就开始出现问题了，每次上完积木课，离开积木中心去听故事时，他都极不情愿。

第十章 让孩子茁壮成长

他告诉老师，如果让他搭完积木，他就愿意好好听故事。

上一年级后，情况变得更糟了。老师希望他长时间待在课桌前完成书面作业，他却迫切地渴望进行实际操作或者思维拓展的活动。到了三年级，老师已经认定他有行为问题。到六年级时，他在教室、操场和其他地方都适应得很不好。

他的父母找到我们时，他已经上八年级了。他整天独来独往，郁郁寡欢，想退学回家。他的母亲问道："那个曾经一早醒来就浑身有使不完的劲儿，对新事物热情满满的小男孩哪去了？"

"13岁就辍学的话，以后的路又该何去何从呢？"他的父亲也非常担忧。

我们帮助乔希的父母重新审视了孩子的问题。了解到乔希其实能力很强，但不幸的是，他与所在学校的要求格格不入。我们又接着与乔希一起讨论，他在哪些领域有兴趣进行更多的学习，如何寻找机会让他体验到有效参与带来的快乐。我们也建议父母约见老师，大家共同探讨这个问题。他对建筑的兴趣已从搭建乐高积木发展成为建造真实住房。我们帮他在仁人家园（Habitat for Humanity）找到了一份课外活动的岗位，让他在获得学分的同时参与建筑项目、为社区做贡献。仁人家园的负责人担任其导师，乔希第一次感到自己也能做出成绩、取得成功。

现在，已经上了高中的乔希表现不错，专注于数学和艺术课程，其他几科也都学得不错，还非常喜欢与经验丰富的制图员一起参与志愿服务。乔希很期待考入社区大学后学习节能建筑。

　　在孩子的教育问题上，并不存在适合每个孩子、每个家庭、每种情况的不变法则。有时孩子需要的是更多的倾听和关注，有时孩子需要的是更多的刺激和挑战，有时需要利用社区资源进行微调以使孩子和学校相适合。尽管每个孩子的情况不同，但在此讨论的7个核心理念可以帮助父母发展孩子的智力和创造力。这7个理念分别是：给予孩子关注，培养孩子的兴趣和能力，培养孩子的成长型思维模式，匹配孩子的教育需求，培养孩子的情商和社交智力，父母要学会与他人并肩协作，认识到什么才是让孩子幸福的核心。

　　本书列举了案例中的一些小故事，以说明不同的育儿和教学方法对孩子发展的影响。在大多数情况下，为了说明某个问题，我们只提供简要说明。但有时（我们知道孩子的现状，又觉得这些信息与本书相关）我们会将这些孩子的现状以故事的形式展现出来。此外，还有对如尼古拉斯、托尼、保拉、卡琳、亚历山大、罗伯特等孩子整体现状的补充概括。

　　我们跟踪研究的每个人（有些持续到青年时期）都有自己独特的发展轨迹。可以预料的是，每个人都正在经历并将持续经历自身的变化、挑战、机会和成就，每个人也是在书写自己的人生故事，以促进自身智力的发展。从这些孩子及其父母的经历中，我们可以归纳出，以爱和关怀为基础，加上在（大致）正确的时间节点予以（大致）正确的支持和引导，有助于为年轻人获得智力、创造力、社交能力的发展和情感的满足创造最佳机会。

兑现提升能力的承诺

在向前深入探讨之时，我们也回顾一下前言，重新审视其中谈到的关于改变的话题。

> "能够生存下来的物种既不是最强壮的，也不是最聪明的，而是最能适应变化的。"
> ——查尔斯·达尔文

纵观全书，我们了解到变化可以为生活增添刺激、趣味和活力，也因此探讨了父母如何才能让孩子接纳改变并积极应对改变；我们还关注了如何帮助孩子最大限度地发挥他们的能力，并且学会适应他们今后必然会遇到的种种挑战。

在孩子设定和实现更高目标、投入努力、从挫折中汲取教训，并对自己的能力产生信心时，父母可以与孩子并肩协作，为其提供支持。他们可以用自己的实际行动或者态度向孩子展示这些品质。父母可以鼓励孩子在需要时寻求指导，鼓励孩子向多方面进行拓展。如果父母能努力实现提升自己的智力和创造力，又能在孩子需要时给予及时的回应（但不是控制），这样最有利于孩子发展。

虽然没人能预知未来，但大多数父母都希望自己的孩子能够为瞬息万变的世界做好十足的准备。霍华德·加德纳写到，目前的教育正处在一个十字路口："虽然我们无法预料未来的学校和教育会是什么样子，但其必将与我们以及我们的祖先的固有认知大不相同。过去和未来为我们提供了一组视角，我们人类不断发展的自身认知又提供了另一个视角。"我们在这里关注的正是第二种视角，即对人类及其发展的不断扩展的认知。

玩耍、练习、反思、享受生活的充实，与他人互动，巩固所学，学习新知，正是在体验世界的过程中，孩子的大脑得以不断发展和强化。孩子从关心他的人、从父母和其他给予他回应的人那里得到鼓励和指导，就能更好地应对变化和其他可能出现的情况。

我们已经详细地讨论了父母如何才能将孩子养育成聪明、有创造力、能力过关的成年人，即成为勤勉认真、心怀关爱、积极乐观、乐于奉献社会、能做出正确决策的有识之士。考虑到这一重点，父母该为孩子谋求些什么呢？结合这 30 多年来我们与儿童、教育人士和家庭一起开展的多项工作的研究结果，我们认为答案应为一种"幸福感"，理想化地说，是"幸福"。其次还有：正直；个性；关爱；正确认识变化和挑战的益处；接纳逆境的力量；面对困难的韧性；能负责任地、创造性地、深思熟虑地、明智地进行思考、交流和行动；协作和探究精神；自信；广泛的交友、打趣和放松的能力；对快乐产出的终身追求。

养育的最终秘诀

1. 培养孩子的正念思维习惯（学会在做出反应前深思熟虑）有助于提高孩子的智力、创造力和成就。
2. 父母培养孩子的品格和智慧，可以通过重视如尊重、诚实、善良、正直、责任和耐心等美德，并要求孩子在学校也践行这些美德。
3. 孩子的能力不够出众，并不表示父母没有为孩子的能力发展提供足够的支持。人的发展速度各异，许多人在成年后有所成就，但在童年时学习并不出彩。
4. 我们在本书中讨论的构建能力的 7 个要点：（1）给予孩子关注；（2）培养孩子的兴趣和能力；（3）培养孩子的成长型思维模式；（4）匹配孩子的教育需求；（5）培养孩子的情商和社交智力；（6）父母要学会与他人并肩协作；（7）认识到什么才是让孩子幸福的核心。
5. 关注挑战、改变和经验的力量（无论是你的还是孩子的）。时刻留意，给予支持，灵活回应。最重要的是，关键时刻父母得在场。

在第一章开头,我们引用了史蒂芬·霍金的名言:"智力就是随机应变的能力。"现在重新回到这个观点,思考在快节奏的 21 世纪,它与智力、成就乃至成功的相关性。培养孩子的最好方法就是将可能性变为现实,将我们自身以及和我们在社会中的位置视为处在动态发展中的作品,乐于接纳改变带来的无限前景,拥抱学习的机会。也许最重要的一点是,教育孩子去做同样的事情。

致　谢

《聪明的父母这样教》的创作，得益于许多人的帮助，对此我们非常感谢。

我们的出版代理人贝弗利·斯洛彭，也是我们的好朋友，从最开始获知我们创作初衷的那一刻起，就予以这本书充分的信任。她鼓励我们写作风格要尽可能非学术化（后来发现这比想象的要难得多），并带着耐心、关爱和良好的幽默感不厌其烦地指导我们修改书稿。

在创作过程中，伯尼·比尔斯、特雷西·丹尼斯、巴里·海默、西尔维娅·关、马尔·扬·波特拉、南希·施泰因豪尔、雷娜·苏博特尼克和朱迪·温贝里等众多朋友和同事，对文本进行了审阅。他们从中发现的问题以及提出的评论和建议让这本书更能反映最新的研究发现。

莫娜·戴蒙德、克洛伊·德克森、梅雷迪思·昂格朗代、达芙妮·芬威克、米歇尔·格林斯坦、卡罗尔·马修斯、托比·莫洛巴、克里斯蒂·纳什、米歇尔·奥斯瑞、雪莱·彼得森、凯迪·瓦克斯以及马克·华莱士试读了初稿的前几章，并提供了宝贵的意见，这在很大程度上决定了本书的最终版式和内容。他们的意见，让我们确保父母能从书中受益，并能切实应用我们所传达的信息。

简·伯特兰、戴安娜·布雷彻和费利斯·考夫曼是整个创作过程的决策咨询人，他们明察善断、考虑周到，帮助我们与时俱进，保持正确的创作方向。

在准备出版的过程中，罗宾·斯帕诺、基思·怀布罗、埃林·卡瓦莱基、詹姆斯·卡瓦莱基、阿莱士·格罗斯和阿什莉·格罗斯均慷慨献策。无论是全书版式、内容的确定、相关网站的创建、书名的确定，还有如何确保读者群尽可能广泛，对于我们的求助请求，他们给予了卓有见地的回应。

在本书的创作过程中，埃里克、谢丽尔·福斯特、米歇尔和亚伦·哈朗从独特的视角出发，提出了宝贵意见，给了我们莫大的鼓励。

我们也要向阿南希出版社的萨拉·麦克拉克兰、珍妮丝·扎维尼、琳达·普鲁森、劳拉·雷帕斯、珍妮·尹、梅雷迪思以及其他工作人员表示感谢。他们热情的支持，慷慨专业的帮助，让从手稿到成品书的过程成为一种乐趣。

向所有我们咨询过的父母、孩子、教育工作者、准老师、专业人士以及其他人士表示感谢，感谢你们所提供的"故事"，感谢你们允许我们分享你们经历的点点滴滴。

最后，我们还要感谢斯蒂芬·格罗斯和加里·福斯特，感谢他们对我们工作的坚定支持。作为我们一直以来坚强稳定的后盾，他们给予的爱，使这本书能够问世。